# 小学《しょうがく》3年生《ねんせい》の
# 国語《こくご》

がんばるみんなのための
ちいかわドリル

# キャラクターしょうかい

## ちいかわ

なんか小さくてかわいいやつ。
ちょっぴりなき虫。
草むしりや，とうばつをして
生活している。

## ハチワレ

明るくて元気。
ときどき毛玉をはく。
ギターをひきながら
歌うのがとく意《い》。

## うさぎ

こわいもの知らず。
「ウラ」「ヤハ」と，声を出す。
プリンの上で
すべるのがとく意。

## モモンガ

まわりをこまらせることが多い。
わざとないて，かわいこぶる
ことがある。

## くりまんじゅう

お酒《さけ》とおつまみがすき。
おいしいものを食べると
「ハーッ」と，息《いき》をはく。

## ラッコ

ちいかわたちのあこがれ。
とうばつランキングで
トップにかがやくランカー。

## よろいさん たち

もの作りがとく意《い》なよろいさんや，
仕事《しごと》をしょうかいする
よろいさんなどがいる。

## シーサー

ラーメン屋《や》ではたらいている。
ラーメンのよろいさんを
「おししょう」とよぶ。

## パジャマ パーティーズ

パジャマを着《き》ているグループ。
「ウ ウ・ワ・ワ ウワッ」と
歌っておどる。

## いろいろなこわいやつ

とつぜん出てきて，おそってくる。とうばつをして，やっつけたりする。

# このドリルについて

## ① 1回10分でできるからやりきれる!!

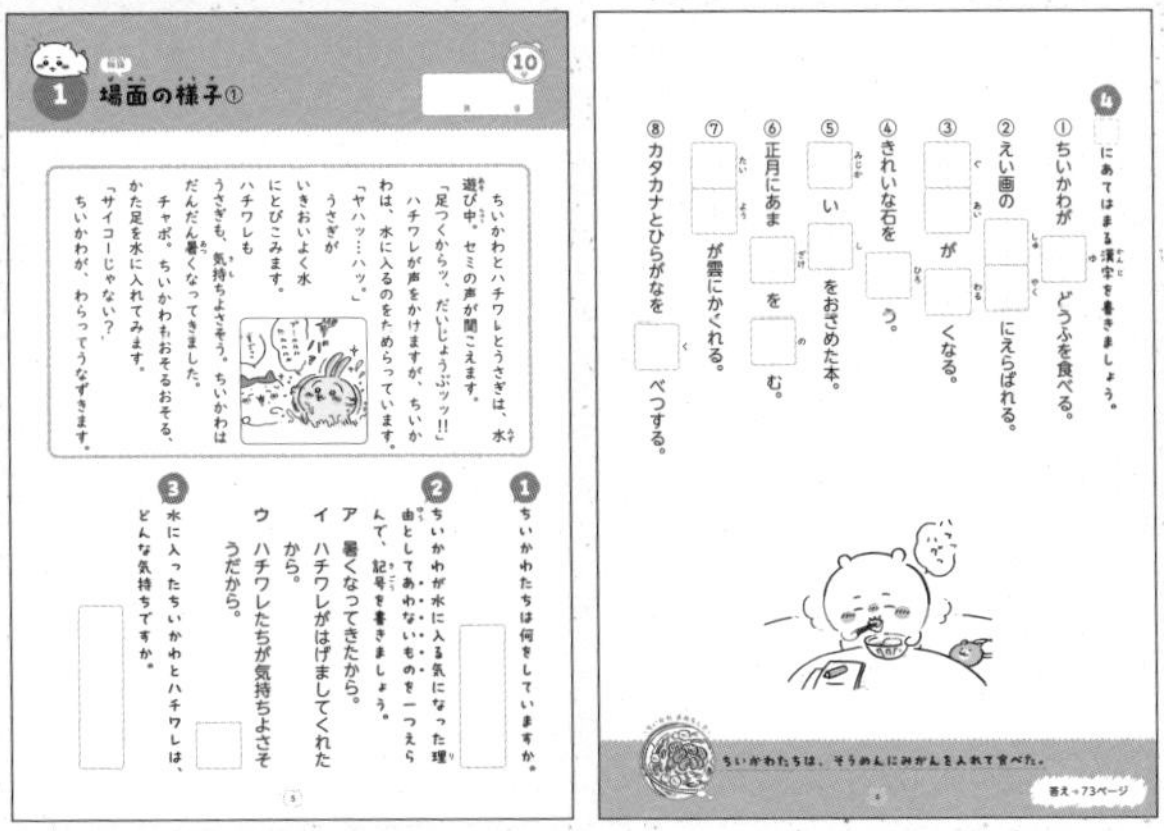


▲ちいかわまめちしき つき！

表《おもて》とうらで10分で
取《と》り組《く》めるようにしてあります。
短《みじか》い時間でできるから，
集中力《しゅうちゅうりょく》がつづきます。
とちゅうのごほうびページで
モチベーションも
アップします。

## ② 自分で丸をつける！

問題《もんだい》がとけたら，丸つけをしてください。
まちがえたところはアドバイスで
かくにんしましょう。

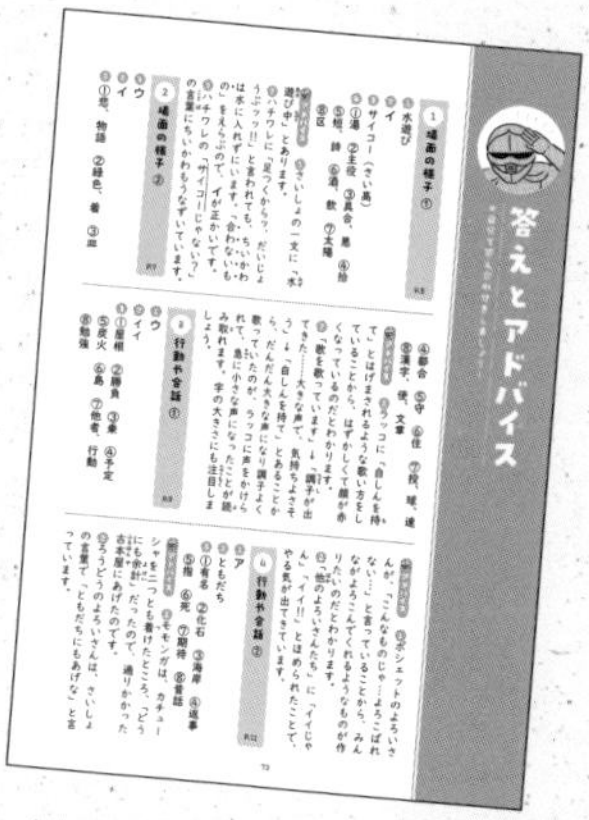


## ③ かわいいシールでやる気が出る！

丸つけが終《お》わったら，
うら表紙《ひょうし》の「たっせいするぞシート」にシールをはりましょう。
あまったシールは自由《じゆう》に使《つか》ってください。

# 1 物語《ものがたり》 場面《ばめん》の様子《ようす》①

10分

月　日

ちいかわとハチワレとうさぎは、水《みず》遊《あそ》び中《ちゅう》。セミの声が聞こえます。

「足つくからッ、だいじょうぶッッ!!」

ハチワレが声をかけますが、ちいかわは、水に入るのをためらっています。

「ヤハッ…ハッ。」

うさぎがいきおいよく水にとびこみます。

ハチワレもうさぎも、気持《きも》ちよさそう。ちいかわはだんだん暑《あつ》くなってきました。

チャポ。ちいかわもおそるおそる、かた足を水に入れてみます。

「サイコーじゃない？」

ちいかわが、わらってうなずきます。

**1** ちいかわたちは何をしていますか。

**2** ちいかわが水に入る気になった理《り》由《ゆう》としてあわないものを一つえらんで、記号《きごう》を書きましょう。

ア 暑くなってきたから。
イ ハチワレがはげましてくれたから。
ウ ハチワレたちが気持ちよさそうだから。

**3** 水に入ったちいかわとハチワレは、どんな気持ちですか。

**4** □にあてはまる漢字《かんじ》を書きましょう。

① ちいかわが□《ゆ》どうふを食べる。

② えい画の□《しゅ》□《やく》にえらばれる。

③ □《ぐ》□《あい》が□《わる》くなる。

④ きれいな石を□《ひろ》う。

⑤ □《みじか》い□《し》をおさめた本。

⑥ 正月にあま□《ざけ》を□《の》む。

⑦ □《たい》□《よう》が雲にかくれる。

⑧ カタカナとひらがなを□《く》べつする。

ちいかわ まめちしき

ちいかわたちは、そうめんにみかんを入れて食べた。

答え→73ページ

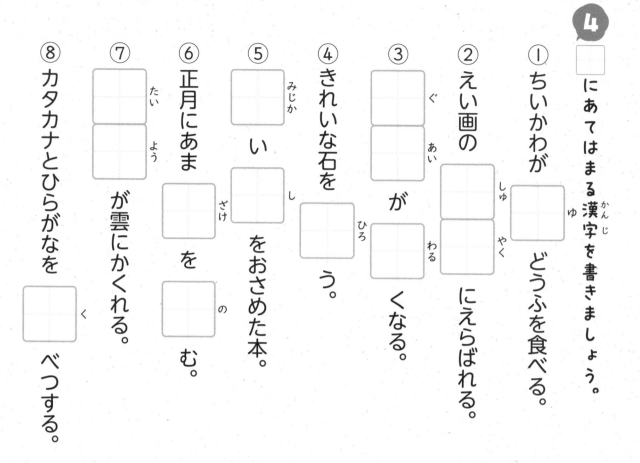

物語《ものがたり》

# 2 場面《ばめん》の様子《ようす》②

10分

月　日

ちいかわが野原で歌を歌っています。

1「フフンフ〜…タラリラ…。」

調子《ちょうし》が出てきたみたい。大きな声で、気持《きも》ちよさそうに歌っています。

2「ヤンパパンラララ、ルルラルルラ。」

「よい…歌声だ…。」

「!!!」

いつのまにか後ろにラッコがいました。

「もっと聞かせてくれ。」

3「ヤヤー…ン
パ…ル…。」

ちいかわは、顔が真《ま》っ赤《か》です。

「自しんを持て。」

ラッコがちいかわをはげまします。

**1** 「顔が真っ赤」なときのちいかわの気持ちにあうものを一つえらんで、記号《きごう》を書きましょう。

ア うれしい　イ びっくり
ウ はずかしい

□

**2** 1〜3のちいかわの歌声は、どのように音読するとよいですか。あうものを一つえらんで、記号を書きましょう。

ア 1→2→3のじゅんに読む声が小さくなるように読む。
イ 1→2のじゅんに声を大きくして、3は小さな声で読む。
ウ 1と2は楽しそうに、3はほこらしげに読む。

□

## 3 □にあてはまるかんじを書きましょう。

① □《かな》しい□《もの》□《がたり》を読む。

② □《みどり》□《いろ》のパジャマを□《き》る。

③ お□《さら》にもられたりょう理。

④ 来週のほうが□《つ》□《ごう》がよい。

⑤ お□《まも》りをポケットに入れる。

⑥ どうくつに□《す》むハチワレ。

⑦ あのピッチャーが□《な》げる□《たま》は、とても□《はや》い。

⑧ □《かん》□《じ》を□《つか》って□《ぶん》□《しょう》を書く。

ちいかわ まめちしき

ハチワレは絵をかくのがすき。



答え→73ページ

# 3 行動《こうどう》や会話①

10分

月　日

「『スランプ』だッッ!!」

何かを「作る」のがすきなポシェットのよろいさんが、カチューシャをたくさんかかえて、走りこんできました。

「こんなものじゃ…よろこばれない…。」

どれ。他《ほか》のよろいさんたちが、ためしに着《つ》けてみました。

「イイじゃん。」

「イイ!!」

「エ…。

『イイ』…気もしてきた。」

よろいさんたちが歌っておどります。

「ありがとうっ。そのサンプル配《くば》っていいからっ。『作る』ぞ~ッ!!」

ポシェットのよろいさんは、やる気が出てきたみたいです。

**1** ポシェットのよろいさんは、どんなものを作りたいと思っているのですか。合うものを一つえらんで、記号《きごう》を書きましょう。

ア どこにも売っていないもの。
イ かわいくて、おもしろいもの。
ウ みんながよろこんでくれるもの。

[　　]

**2** ポシェットのよろいさんのやる気が出てきたのはなぜですか。

よろいさんたちに、

「[　　　　]」とほめられたから。

## 3 □にあてはまる漢字《かんじ》を書きましょう。

① □《や》□《ね》をしゅう理する。

② じゃんけんで□《しょう》□《ぶ》する。

③ マンボウのせなかに□《の》る。

④ □《よ》□《てい》をかくにんする。

⑤ □《すみ》□《び》でやいた肉。

⑥ 海にうかぶ小さな□《しま》。

⑦ □《た》□《しゃ》のことを考えて□《こう》□《どう》する。

⑧ ちいかわがしかくの□《べん》□《きょう》をする。

ハチワレは、しっぽで見事《みごと》なビートをきざむ。



答え→73ページ

# 4 行動《こうどう》や会話②

10分

月　日

モモンガは、ろうどうのよろいさんからカチューシャを二つもらいました。

「ハイ、コレ。ともだちにもあげな。」

二つとも自分で着《つ》けりゃいい、そう思って着けてみましたが、どうにもよけいです。

そこに、古本屋《ふるほんや》が通りかかりました。

モモンガは、古本屋の頭にカチューシャをのせました。古本屋は、わけがわかりません。

その様子《ようす》を見ていたろうどうのよろいさんが声をかけました。

「オッ、あげたのかー。□に。」

**1** モモンガは、なぜ古本屋にカチューシャをあげたのですか。合うものを一つえらんで、記号《きごう》を書きましょう。

ア 二つはよけいだったから。
イ ろうどうのよろいさんに、古本屋にわたすように言われたから。
ウ 古本屋がほしそうにしていたから。

□

**2** □にあてはまる言葉《ことば》を、四文字で書きぬきましょう。

□□□□

## 3 □にあてはまる漢字《かんじ》を書きましょう。

① □《ゆう》□《めい》な歌手といっしょに歌う。

② きょうりゅうの□《か》□《せき》が見つかる。

③ □《かい》□《がん》にそってつづく道。

④ 大きな声で□《へん》□《じ》をする。

⑤ □《ゆび》をおって数をかぞえる。

⑥ ひっ□《し》に走ってにげる。

⑦ □《き》□《たい》にむねをふくらませる。

⑧ 弟に□《むかし》□《ばなし》の絵本を読み聞かせる。

ちいかわの頭に生えたきのこは、いためるとおいしい。



答え→73ページ

ごほうび①

# ことわざあみだと なぞなぞ漢字《かんじ》

10分

月　日

**1** ことわざと意味《いみ》があみだくじで正しくつながるように，横《よこ》ぼうを1本足しましょう。

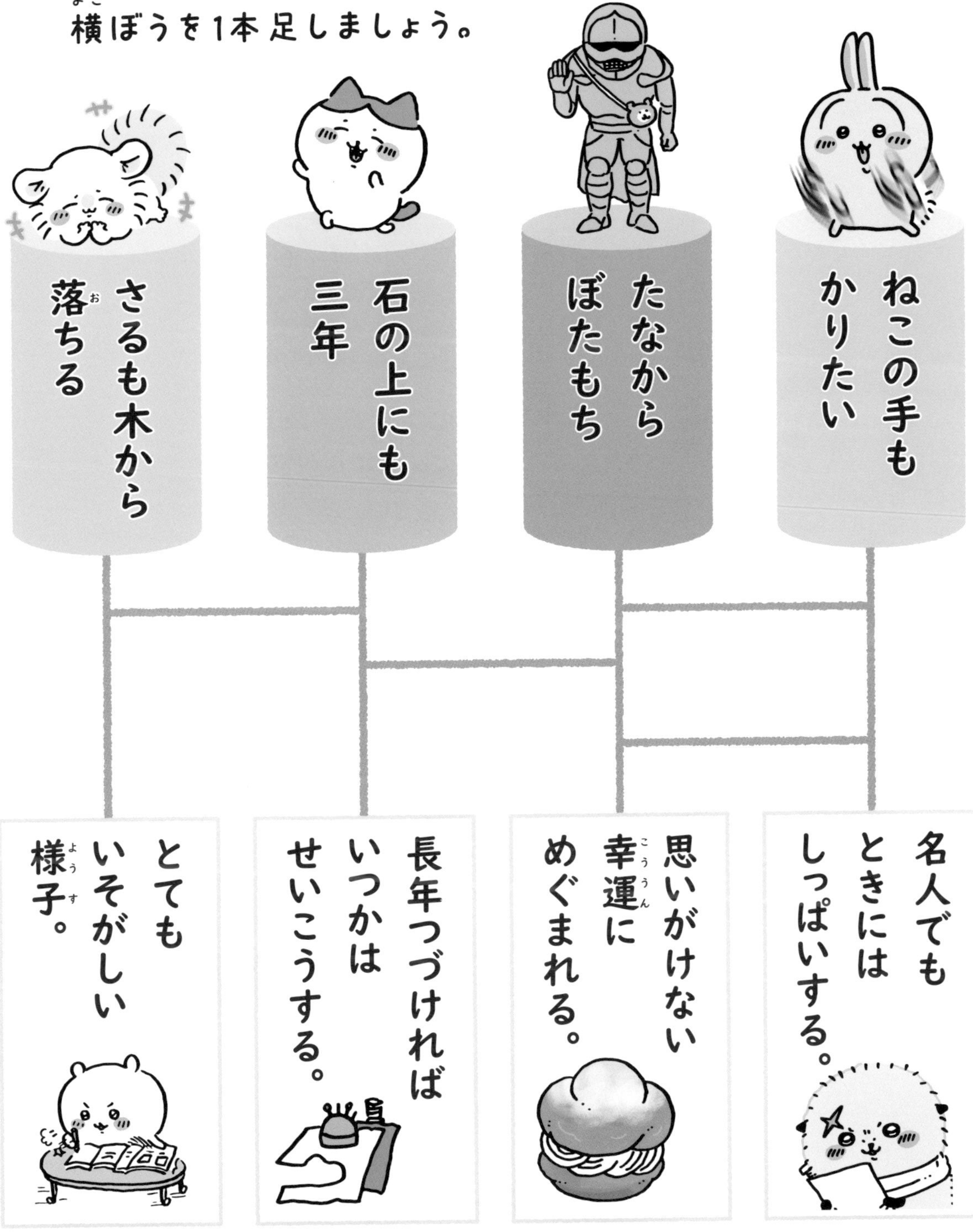

さるも木から落《お》ちる
石の上にも三年
たなからぼたもち
ねこの手もかりたい
とてもいそがしい様子《ようす》。
長年つづければいつかはせいこうする。
思いがけない幸運《こううん》にめぐまれる。
名人でもときにはしっぱいする。

## 2 なぞなぞ漢字《かんじ》にちょうせんしましょう。
どんな漢字を表《あらわ》しているでしょう。

① 「イヒ」っとわらってできた漢字は？

② 「ウル」っと九回となえてできた漢字は？

③ 「ウ」と「ノ」と二つの「ロ」でできる漢字は？

④ ハムがすきな漢字は？

⑤ 黄色は木のどこがすき？

⑥ 暑《あつ》いのでお日さまをよけたよ。どんな漢字になった？

答え→74ページ

# 5 国語辞典《こくごじてん》の使《つか》い方《かた》

10分

月　日

**1** ――の言葉《ことば》を、国語辞典《こくごじてん》の見出し語の形に書き直しましょう。

① ちいかわは全力《ぜんりょく》で走った。（　　）

② 手がつめたくなってきた。（　　）

③ 今から行けばまだ間に合う。（　　）

**2** 国語辞典の見出し語のじゅんに、（　）に数字を書きましょう。

れい
- あし（2）
- あめ（3）
- あお（1）

①
- こんぼう（　）
- さすまた（　）
- けん（　）

②
- かき（　）
- かみ（　）
- かさ（　）

③
- すすき（　）
- スープ（　）
- すみれ（　）

④
- ポール（　）
- ボール（　）
- ホール（　）

## 3

次《つぎ》の文の主語《しゅご》に――を、述語《じゅつご》に〰〰を引きましょう。

れい　鳥が　ゆうゆうと　とぶ。

① 歌手が　ステージに　立つ。

② ちいかわは　プリンを　食べる。

③ 妹も　いっしょに　出かける。

## 4

次の文の しゅうしょく語 がくわしくしている言葉《ことば》はどれですか。（　）に記号《きごう》を書きましょう。

① ア新せんな　イ野さいが　たくさん　ウならぶ。（　）

② 美《うつく》しく　ア光る　イきのこを　ウ集《あつ》める。（　）

③ ア秋の　さわやかな　イ風が　ウふく。（　）

ちいかわ まめちしき

ポシェットのよろいさんは、ファンレターをもらった。

答え→74ページ

# 段落《だんらく》

10分

月　日

1 ミツバチのむれの中には、はっきりとした役《やく》わり分たんがあります。

2 むれの中にほんのわずかしかいないのがオスのミツバチです。子孫《しそん》をのこす役わりだけをにないます。

3 むれの中の大多数をしめるのがはたらきバチです。はたらきバチは、すべてメスで、エサ集《あつ》め、子育《こそだ》て、てきたいじなど、子孫をのこすいがいのあらゆる役わりをにないます。

4 むれの中にたった一ぴきしかいないハチ、それが女王バチです。たまごをうむ役わりだけをにない、一日に千こほどのたまごをうみます。

5 ミツバチはそれぞれが大切な役わりをはたしながら生きているのです。

**1** 次《つぎ》の内ようが書かれているのはどの段落《だんらく》ですか。（　）に段落番号《ばんごう》を書きましょう。

（　）女王バチの役わり

（　）はたらきバチの役わり

（　）この文章《ぶんしょう》のまとめ

**2** この文章の話題《わだい》は何ですか。

ミツバチのむれの中にある［　　　　］について。

## 3 □にあてはまる漢字《かんじ》を書きましょう。

① お年玉で買った □《じ》□《てん》□《しゃ》。

② いっしょにいて □《あん》□《しん》 できるそんざい。

③ じゃがいも □《まつ》 りが □《ひら》 かれる。

④ □《よこ》□《ぶえ》 の音色が聞こえる。

⑤ 落《お》ち □《ば》 を頭にのせる。

⑥ 野さいをほう □《ちょう》 できざむ。

⑦ れんらく □《ちょう》 をランドセルに入れる。

⑧ □《い》□《しゃ》 に □《くすり》 を出してもらう。

玉こんにゃくのなる木がある。

答え→74ページ

7 物語《ものがたり》

# 気《き》持《も》ち①

10分

月　日

ハチワレは、ちいかわとインターネットでこわい話をたくさん読みました。

「またねー。」

えがおで手をふって、ちいかわとわかれます。

「楽しかった…こわいの見るの…。」

道の明かりがチカチカしています。

「なんか…後からこわくなってきた。」

道の明かりが消《き》えてしまいました。

「ワワー!!」

ハチワレは今来た道をひっ死《し》にもどります。

「まだいるかなァ。」

すると、向《む》こうからちいかわもなきながら走ってきます。

気《き》持《も》ちは同じだったようです。

**1** ハチワレが、「ワワー!!」とさけんだのは何がきっかけですか。

道の［　　］が消えて、こわくなってしまったこと。

**2** ちいかわとハチワレの気持ちにあうものをひとつえらんで、記号《きごう》を書きましょう。

ア　後からこわくなってきた。

イ　こわい話をもっと読みたい。

ウ　さいしょからずっとこわかった。

［　　］

## 3 □にあてはまる漢字《かんじ》を書きましょう。

①母は大学の□《けん》□《きゅう》しせつの□《しょ》□《ちょう》をつとめる。

②□《びょう》□《いん》の□《まち》□《あい》□《しつ》。

③ヨーロッパの□《きゅう》でんを見学する。

④こっそり□《よう》□《す》をうかがう。

⑤新作のパジャマを□《はつ》□《ばい》する。

⑥□《み》をつんでジャムを作る。

⑦まどの外は□《いち》□《めん》の□《ぎん》□《せ》□《かい》だった。

⑧いらないものを□《ぜん》□《ぶ》まとめてしょ分する。

ちいかわ まめちしき

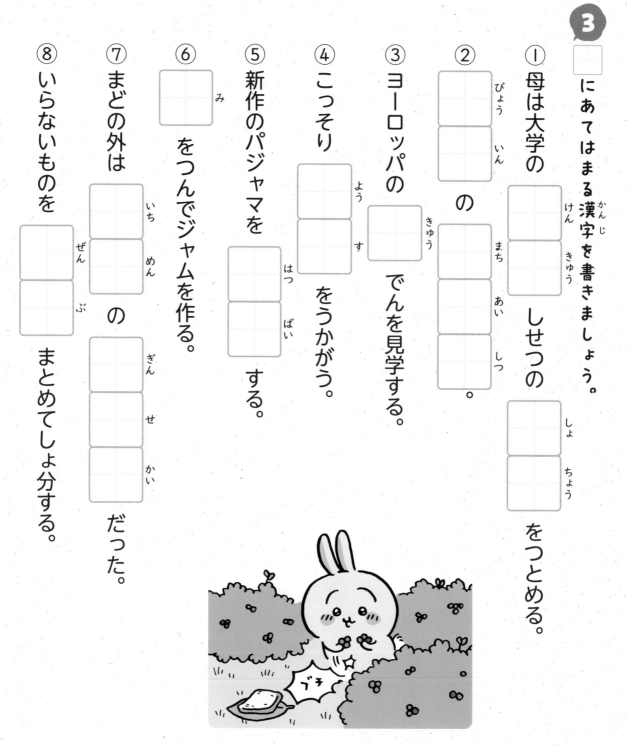


くりまんじゅうは、「肉みがき」という、お肉をひたすら切る動画《どうが》を見ている。

答え→74ページ

語い・文ぽう

# 8 音《おん》と訓《くん》

10分

月　日

**1** 音読《おんよ》みはどちらですか。音読みを〇でかこみましょう。

①雪（ゆき・せつ）

②前（ぜん・まえ）

③品（しな・ひん）

**2** ――の漢字《かんじ》が音読みならア、訓読《くんよ》みならイを書きましょう。

れい　人数を数える。（ア）（イ）

①朝食（　）にごはんを食（　）べる。

②うさぎが大きな声（　）で発《はっ》声（　）練習《れんしゅう》をする。

## 3

次《つぎ》の文の主語《しゅご》と述語《じゅつご》はどれですか。（　）に記号《きごう》を書きましょう。

①ア雨が　イしとしと　ウふる。

主語（　）　述語（　）

②アねこが　イねずみを　ウ追《お》いかける。

主語（　）　述語（　）

③アパジャマを　イ着《き》た　ウうさぎが　エおどる。

主語（　）　述語（　）

## 4

次の文のしゅうしょく語を、◯でかこみましょう。

れい　弟が　（げらげら）　わらう。

①先生が　すたすた　歩く。

②夜空に　星が　光る。

おちょこにコーラを入れて飲《の》む「おちょコーラ」は、口ざわりがよい。

答え→75ページ

# 9 ことわざ・故事成語《こじせいご》①

10分

月　日

**1** （　）の言葉《ことば》の正しいほうを、〇でかこみ、ことわざをかんせいさせましょう。

① （どんぐり ・ うり）のせいくらべ

② たなから（金 ・ ぼたもち）

③ おにに（鉄《てつ》ぽう ・ 金ぼう）

**2** 故事成語《こじせいご》とその意味《いみ》を、――でむすびましょう。

① 蛇足《だそく》 ・　　・ つじつまが合わないこと。

② 完璧《かんぺき》 ・　　・ 欠点《けってん》がないこと。

③ 矛盾《むじゅん》 ・　　・ よけいなもの。

## 3

次《つぎ》の文の主語《しゅご》と述語《じゅつご》はどれですか。（　　）に記号《きごう》を書きましょう。

① ア よろいさんが　イ おもちを　ウ ふるまう。

主語（　　）　述語（　　）

② ア 小鳥は　イ すぐに　ウ にげる。

主語（　　）　述語（　　）

③ ア 長い　イ ひもが　ウ からまった。

主語（　　）　述語（　　）

## 4

次の文のしゅうしょく語を、（　　）に書きぬきましょう。

① 馬が　さっそうと　走った。

（　　）（　　）

② こわい　やつが　いる。

（　　）（　　）

③ ぼくの　兄は　中学生だ。

（　　）（　　）

ぺったん
ぺったん
ほいほい ほいほい
つきたて もち


ちいかわ まめちしき

ちいかわとハチワレは、お金をためて武器《ぶき》を買った。

答え→75ページ

説明文《せつめいぶん》

# 10 指《さ》ししめす言葉《ことば》

10分

月　日

道にあるマンホールをよく見ると、丸い形をしたふたが多いことに気づきます。ふたが丸いのはマンホールのあなが丸いからですが、なぜ丸い形が多いのでしょうか。

それは、ふたがマンホールの中に落《お》ちるのをふせぐためです。

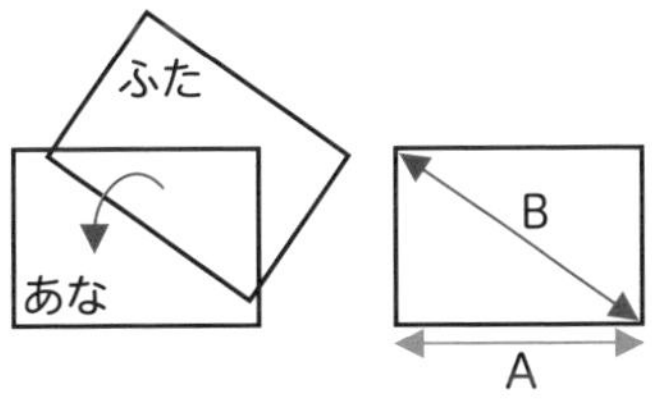


四角形はAよりBのほうが長いため、ふたがずれてななめになると、ふたはあなの中に落ちてしまいます。ふたはとても重《おも》いため、マンホールの中に人がいたら、大へんきけんです。［　］、丸いふたは、どこも同じ長さなので、そのような心配《しんぱい》がないのです。

**1** ［　］に合う言葉《ことば》をひとつえらんで、記号《きごう》を書きましょう。

ア　つまり　　イ　しかし

ウ　たとえば

［　］

**2** 「そのような心配」とは何を指《さ》しますか。合うものをひとつえらんで、記号を書きましょう。

ア　ふたがずれやすくなること。

イ　ふたが開《あ》かなくなること。

ウ　ふたがあなの中に落ちること。

［　］

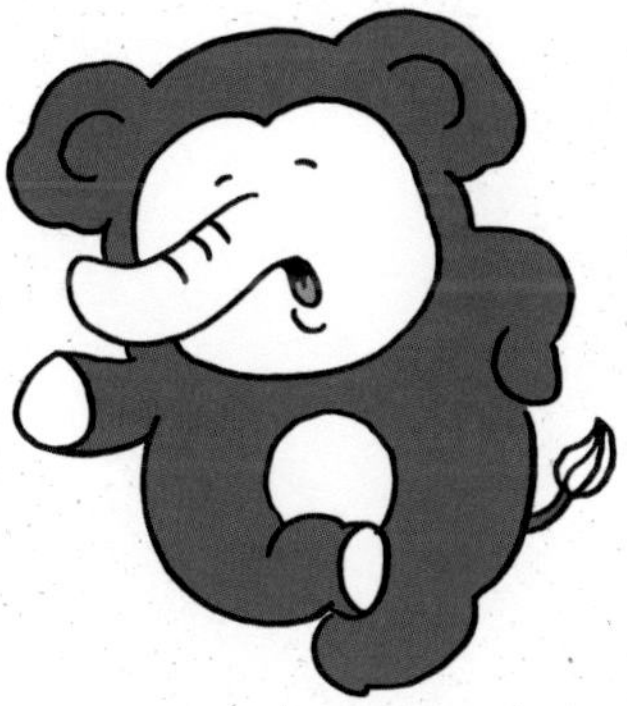

## 3 □にあてはまる漢字《かんじ》を書きましょう。

① ざっしの□《だい》□《いち》□《ごう》の□《ひょう》□《し》をかざる。

② 草むしり検《けん》□《てい》の□《ご》□《きゅう》にちょうせんする。

③ 池に魚を□《はな》す。

④ □《よう》□《ふく》をきれいにたたむ。

⑤ ラーメンを食べに行く□《れん》□《しゅう》。

⑥ きのこを□《あぶら》でいためて食べる。

⑦ いち早く手つだいを□《もう》し出《で》る。

⑧ 図書室で□《どう》□《わ》を読む。

マロングラッセが落《お》ちている森がある。

答え→75ページ

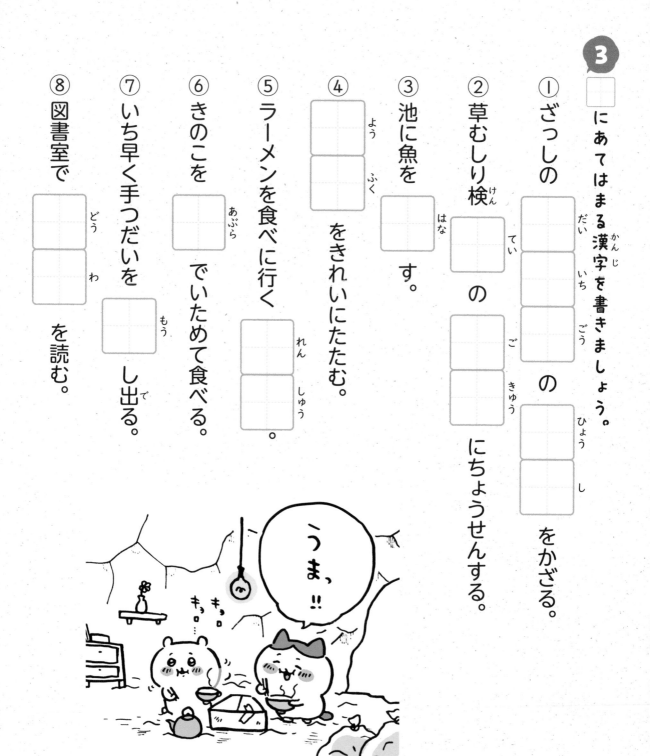

# 11 物語《ものがたり》

# 気持《きも》ち②

10分

月　日

ハチワレは、りょう理がとく意《い》。今日は、パスタにちょうせんしてみました。

「本見てつくったケド…合ってるのかなァ。」

食べながら、ハチワレは明日のとうばつのことを思い出しました。

「明日…行ってみるかッ、とうばつ。実《じつ》せんあるのみ。」

ラッコはそう言ってさそってくれましたが、自しんがありません。

「ア…いつのまにか食べちゃってた…。」

気づいたときには、お皿《さら》は空になっていました。

**1** いつのまにか食《た》べ終《お》わっていたのはなぜですか。合うものを一つえらんで、記号《きごう》を書きましょう。

ア　とてもおいしかったから。

イ　考えごとをしていたから。

ウ　おなかがすいていたから。

**2** とうばつにさそわれたハチワレはどんな気持《きも》ちですか。九文字で書きぬきましょう。

## 3 □にあてはまる漢字《かんじ》を書きましょう。

① 原こう用紙に□《かん》□《そう》をまとめる。

② □《なみ》□《う》ちぎわに立つ。

③ けっこん□《しき》にさん□《れつ》する。

④ □《や》□《たい》で買ったかき□《ごおり》。

⑤ □《ひつじ》の毛で作ったセーター。

⑥ すきやきセットが入った□《はこ》。

⑦ 山のちょう上で□《いき》が□《くる》しくなる。

⑧ ちいかわを□《しん》□《ぱい》するハチワレ。

うさぎのギターテクニックはすごい。



答え→75ページ

語い・文ぽう

# 12 こそあど言葉《ことば》①

10分

月　日

**1** 次《つぎ》の文からこそあど言葉《ことば》をさがして、――を引きましょう。

① 天気がよい、こんな日はせんたくびよりだ。

② どちらの色がすきですか。

③ あそこにういているのは、ふうせんです。

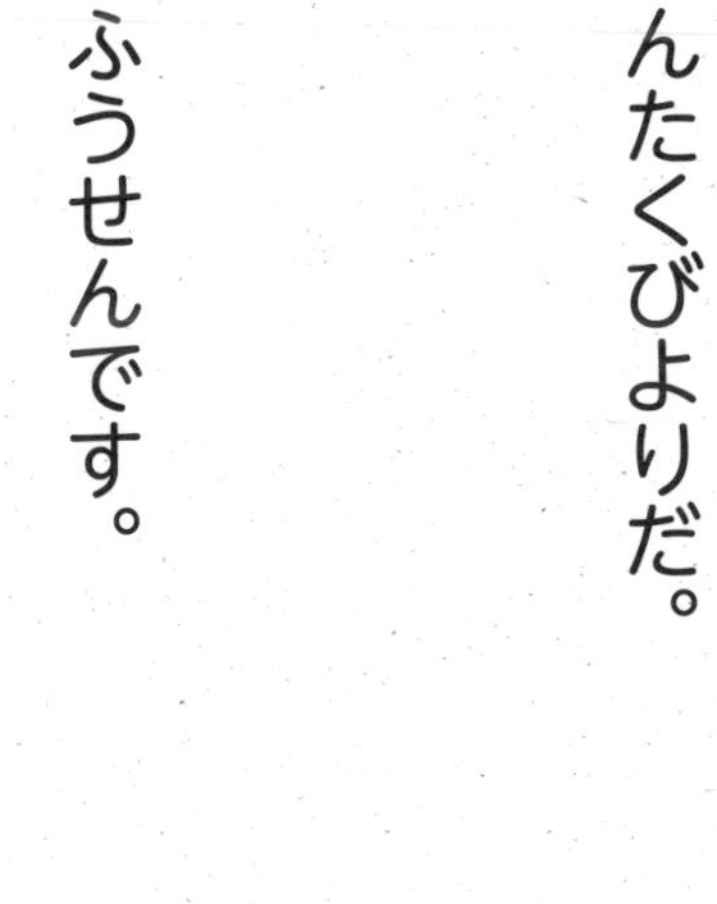

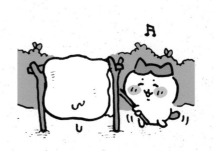

**2** 次の文の（　）に「この・あの・どの」のどれかを書きましょう。

① いろんなおもちゃがある。（　）おもちゃで遊《あそ》ぼう？

② 今、わたしが読んでいる、（　）本の話は実話《じつわ》だ。

③ 学校の向《む》こうに見える（　）たてものがぼくの家だ。

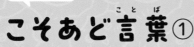

## 3

次《つぎ》の文の主語《しゅご》と述語《じゅつご》はどれですか。（　）に書きぬきましょう。

① シーサーが　お店で　はたらく。

主語（　　　）

述語（　　　）

② ぼくだけ　家に　いた。

主語（　　　）

述語（　　　）

## 4

次の文の【しゅうしょく語】がくわしくしている言葉《ことば》はどれですか。（　）に記号《きごう》を書きましょう。

①【さい後の】　ア ページに　イ 名前を　ウ 書く。（　　　）

② ア 母と　【いっしょに】　イ 図書館《としょかん》に　ウ 行く。（　　　）

③【朝食に】　ア 温かい　イ スープを　ウ 飲《の》む。（　　　）

ちいかわ まめちしき

とびはねて遊《あそ》べるでっかいカステラがある。



答え→75ページ

# ローマ字めいろとクロスワードパズル

10分

月　日

**1** 食《た》べ物《もの》の名前を全部《ぜんぶ》たどって，「スタート」から「ゴール」まで進《すす》みましょう。

スタート

| | | |
|---|---|---|
| tyokorêto | nasubi | rakko |
| hon'ya | rakkyô | moyasi |
| obake | râmen | moti |
| manzyû | kabotya | happa |

ゴール

**2** れいにならって，①～④のヒントを読んでクロスワードパズルをかんせいさせ，［　］に出てきた言葉《ことば》を［　］にひらがなで書きましょう。

① ヨコ
緑色《みどりいろ》に黒いたてじま，丸くて大きい夏のくだ物《もの》。

**れい** ヨコ 寒《さむ》い日，手に着《つ》けるもの。

| | | | | | | | |
|---|---|---|---|---|---|---|---|
| t | e | b | u | k | u | r | o |
| | | | ① | u | i | | |
| | | ② n | | | t | ô | |
| | | | ③ | | | z | a |
| ④ t | u | | | | | | |

② ヨコ
大豆《だいず》から作る，ねばねばの食べ物。

③ ヨコ
ひき肉を丸くてうすい皮《かわ》でつつんで作るりょう理。

④ ヨコ
はりと糸で魚をつかまえる方ほう。

出てきた言葉 ［　］



答え→76ページ

詩《し》

# 13 詩

10分

月　日

## タイのうた

室生犀星《むろうさいせい》

タイはむつかしい顔をしている。
にがりきっている。
すこし　きびしいような顔です。
からだががっしりしていて、
尾《お》もひれも
ぴんとしているからえらそうに見える。
お祝《いわ》いの日にさっそく出てきて、
いばりかえってお皿《さら》の上でねている。
タイのかわりになるようなさかなはい
ない。
だから　昔《むかし》からタイは
そりかえって　いばっている。
いまに　頭と尾とがひっついてしまう
でしょう。

**1** 「タイ」の体つきや見た目から、作者《さくしゃ》には「タイ」がどのように見えていますか。

［　　　　］に見えている。

**2** 「タイ」が「いばっている」のはなぜですか。合うものを一つえらんで、記号《きごう》を書きましょう。

**ア** 代《か》わりになる魚がいないから。
**イ** タイよりおいしい魚はないから。
**ウ** めったに手に入らない魚だから。

［　　］

## 3 □にあてはまる漢字《かんじ》を書きましょう。

① □《けん》□《りつ》□《び》じゅつ□《かん》はお休みです。

② あきらめずに□《なん》□《ど》もちょうせんする。

③ □《あい》□《て》の□《き》□《も》ちを考える。

④ □《に》□《もつ》が□《お》ちる。

⑤ サンプルを□《くば》る。

⑥ すきやきはあまじょっぱい□《あじ》。

⑦ □《しん》□《しょう》□《ひん》をたなにならべる。

⑧ □《け》□《がわ》にくるまって□《さむ》さをしのぐ。

最《さい》高《こう》ですっ!!
おぉッ!!

ちいかわ まめちしき
むちゃうまプリン

ちいかわたちは、ポシェットのよろいさんにすきやきの作り方を教わった。

答え→76ページ

# 14 へんとつくり

10分

月　日

**1** 次《つぎ》の漢字《かんじ》の「つくり」の名前はどちらですか。正しいほうを◯でかこみましょう。

①頭（まめ・おおがい）

②教（のぶん・あくび）

③切（なな・かたな）

**2** 次の「へん」の意味《いみ》をあとからえらんで、（　）に記号《きごう》を書きましょう。

①さんずい（氵）（　）

②ごんべん（言）（　）

ア 手の動《うご》きにかん係《けい》がある。

イ 水にかん係がある。

ウ 言葉《ことば》にかん係がある。

エ 土にかん係がある。

3

次《つぎ》の文のしゅるいをあとからえらんで、（　）に記号《きごう》を書きましょう。

①弟は　五さいだ。　（　）

②弟が　わらう。　（　）

③弟は　かわいい。　（　）

ア　だれが　どうする

イ　だれが　どんなだ

ウ　だれが　何だ

4

次の文の主語《しゅご》と述語《じゅつご》はどれですか。（　）に書きぬきましょう。

①くりまんじゅうが　しいたけを　やく。

主語（　　）　述語（　　）

②夏だ、もうすぐ　きせつは。

主語（　　）　述語（　　）

ちいかわ　まめちしき

ちいかわの頭に生えたきのこは、モモンガにも生えた。

答え→76ページ

物語《ものがたり》

# 15 行動《こうどう》や会話③

10分

月　日

ちいかわとうさぎに、ハチワレが話しかけました。

「ねねね、食べる？
いもむしパン。」

いもむしパン？

いも虫が入ったパン？

ちいかわは、首を横《よこ》にふりました。うさぎは、食べる気まんまんです。

「じゃ、食べよっかァ。」

ハチワレが出してきたのは、四角く切ったおイモが入ったむしパン。

パンを食べるハチワレとうさぎを見て、ちいかわが何か言いたげです。

「うんッ。食べよッ。食べよッ。」

ハチワレがちいかわをさそいます。

**1** このお話のおもしろさは、どんなところですか。

ちいかわが、「いもむしパン」を［　　］ではなく、［　　］が入ったパンだと、かんちがいしたところ。

**2** 「何か言いたげ」とありますが、ちいかわが言いたいことを一つえらんで、記号《きごう》を書きましょう。

ア　やっぱり食べたい。

イ　いも虫おいしい？

ウ　これおいしいね。

［　　］

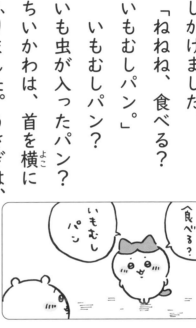

## 3 □にあてはまる漢字《かんじ》を書きましょう。

① 顔にボールが当たって□《はな》□《ぢ》が出る。

② むずかしい□《もん》□《だい》にちょうせんする。

③ こわいやつに□《お》いかけられる。

④ 日ていを□《ちょう》□《せい》する。

⑤ またいっしょに□《あそ》びましょう。

⑥ □《きゅう》な□《さか》□《みち》を□《のぼ》る。

⑦ □《りょう》□《て》いっぱいに花をつむ。

⑧ エレベーターで□《はち》□《かい》まで行く。

ちいかわ まめちしき

シーサーは、「おししょう」とかんぱいしたい。

答え→76ページ

# 16 漢字《かんじ》の使《つか》い分《わ》け①

10分

月　日

**1** 次《つぎ》の文にあてはまる漢字《かんじ》を○でかこみましょう。

①これからちいかわに（合・会）う。

②一人で図書館《としょかん》に（生・行）ける。

③長い夜が（明・空）けた。

**2** 次の文にあてはまる漢字をあとの〈　〉からえらんで、□に書きましょう。

①ボートで大□《かい》にこぎ出す。

〈回　貝　海〉

②ラッコが□《きょう》大なてきに立《た》ち向《む》かう。

〈強　教　京〉

## 3

次《つぎ》の文の主語《しゅご》にはア、述語《じゅつご》にはイを、（　）に書きましょう。

①空から　たくさんの　おにぎりが　ふる。
（　）（　）（　）（　）

②わたしの　友だちが　ピアノを　ひく。
（　）（　）（　）（　）

③きのうは　たいへん　いそがしい　日だった。
（　）（　）（　）（　）

## 4

——の言葉《ことば》をくわしくしている　しゅうしょく語を、〇でかこみましょう。

①ハチワレの　家に　こわい　やつが　出た。

②父に　大きな　箱《はこ》が　とどいた。

③妹が　赤い　長ぐつを　はく。

うさぎは、からあげにレモンをかける。

答え→77ページ

# 具体《ぐたい》れい



なわとびは、多くのわざがあり、そのしゅるいは、五百をこえると言われています。どんなわざがあるのでしょう。

もっともきほんとなるのは、うでを開《ひら》いたじょうたいでとぶ、とび方です。英語《えいご》のOPEN《オープン》（開く）から取《と》って「O《オー》」と表《あらわ》します。前とび、後ろとび、二重《にじゅう》とびなどがあてはまります。

次《つぎ》は、うでをこうささせてとぶ、とび方です。英語のCROSS《クロス》（こうさ）から取って、「C《シー》」と表します。こうさとびの他《ほか》、OとCを組み合わせた、あやとびなどもあります。

他にも、きほんの動《うご》きがあり、これらを組み合わせてなわとびのわざは作られているのです。

1 「二重とび」は、何の具体《ぐたい》れいですか。

うでを［　　　］じょうたいでとぶ、とび方のれい。

2 「なわとびのわざ」は、どのようにして作られていますか。

［　　　］を組み合わせて作られている。

## 3 □にあてはまる漢字《かんじ》を書きましょう。

①□《おん》せん□《やど》の□《きゃく》□《しつ》□《がかり》。

②□《はしら》にきずをつける。

③ケーキを□《ひと》しく分ける。

④プレゼントのお□《れい》をする。

⑤□《みずうみ》のほとりでのんびりすごす。

⑥いなかで□《のう》□《ぎょう》をいとなむ。

⑦ラッコが□《しゃ》□《こ》でうろうろする。

⑧□《あつ》い日にはプールで□《およ》ぎたい。

ちいかわたちは、ようせいになったことがある。

答え→77ページ

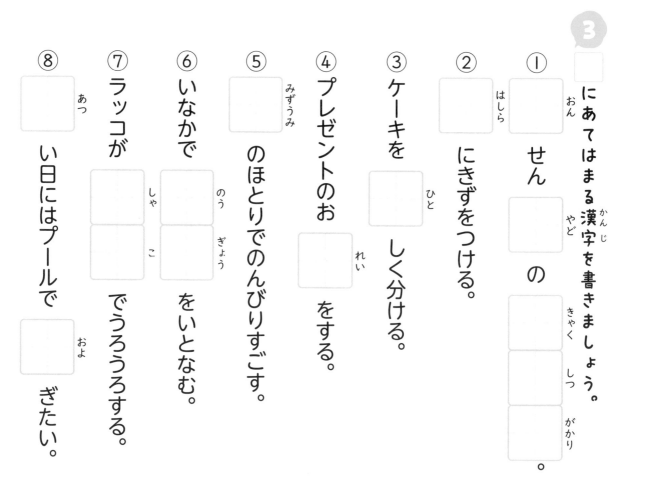

# 慣用句《かんようく》①



**1** （　）に生《い》き物《もの》の名前を□からえらんで書き、慣用句《かんようく》をかんせいさせましょう。

①（　）が合う

②（　）の行水《ぎょうずい》

③（　）をかぶる

おうむ　犬　からす　ねこ　馬

**2** 次《つぎ》の慣用句に共通《きょうつう》してあてはまる体の一部《いちぶ》を、漢字《かんじ》一字で（　）に書きましょう。

①（　）が高い…よいものを見分ける力を持《も》っていること。
（　）と鼻《はな》の先…とても近いこと。

②（　）を長くする…期待《きたい》して待《ま》ちのぞむこと。
（　）をかしげる…ぎもんに思うこと。

## 3

次《つぎ》の文の主語《しゅご》と述語《じゅつご》はどれですか。（　）に記号《きごう》を書きましょう。

① ア モモンガは　イ みんなに　ウ ほめられたい。

主語（　　）　述語（　　）

② ア 多くの　イ 羊《ひつじ》が　ウ 草原に　エ いる。

主語（　　）　述語（　　）

③ ア 赤く　イ 色づいた　ウ 山が　エ 美《うつく》しい。

主語（　　）　述語（　　）

## 4

次の文の**述語**をくわしくしているしゅうしょく語はどれですか。（　）に記号を書きましょう。

① ア ぼくの　イ 家は　ウ 山手に　**ある**。

（　　）

② ア あそこに　イ おみそしるの　ウ 川が　**ある**。

（　　）

ちいかわたちは勉強《べんきょう》をしている。

答え→77ページ

# 行動《こうどう》や会話④



ハチワレが、りょう理の本を見ながら、ちいかわたちにごちそうをふるまってくれました。

とてもおいしかったけれど、ちいかわはちょっと心配《しんぱい》。

ハチワレが作ってばかりいて、りょう理を食べていないからです。

「お客《きゃく》さまによろこんで食べてもらうのが、極上《ごくじょう》の幸《しあわ》せでございます。」

ハチワレは本を読み上げて答えます。

「それに…作りながらつまみ食いしてた…けっこーいっぱい…。」

てれわらいのハチワレでした。

**1** ちいかわは、何を心配しているのですか。

ハチワレが作ってばかりいてりょう理を［　　　　］こと。

**2** ハチワレはどんなことが幸せだと言っていますか。合うものを一つえらんで、記号《きごう》を書きましょう。

ア　ちいかわたちとおいしいりょう理が食べられること。

イ　ちいかわたちがりょう理をよろこんで食べてくれること。

ウ　おいしいりょう理が作れるようになること。

［　　］

## 3 □にあてはまる漢字《かんじ》を書きましょう。

① 学校まで車で□《おく》ってもらう。

② ハチワレがとったちいかわの□□《しゃしん》。

③ □□□□《しょうわじだい》にできた□《はし》。

④ その岩は□《おも》くてびくともしない。

⑤ 貝がらを□《あつ》める。

⑥ □□《むしば》のちりょうを□《お》える。

⑦ まだ□《くら》いうちに□《お》きる。

⑧ □□《じんじゃ》でおふだをもらう。

ちいかわ まめちしき

ラーメン屋《や》「郎《ろう》」では、チャーシューのことを「ぶた」とよぶらしい。

答え→77ページ

# 20 送《おく》りがな①



1 送《おく》りがなの正しいほうを◯でかこみましょう。

① { 親しい / 親たしい } 友だちとすごす。

② あの子は口数が { 少くない / 少ない } 。

2 □に漢字《かんじ》と送りがなを書きましょう。

① □（こまかい） 作業《さぎょう》がとく意《い》だ。

② 話し合いを □（おこなう） 。

③ 友人から □（おそわる） ことが多い。

## 3

次《つぎ》の文のしゅるいをあとからえらんで、（　）に記号《きごう》を書きましょう。

① 星空は　たいへん　美《うつく》しい。（　）

② ここが　ぼくたちの　学校だ。（　）

③ 風が　そよそよと　ふいた。（　）

ア　何が　どうする

イ　何が　どんなだ

ウ　何が　何だ

## 4

次の文のしゅうしょく語を（　）に書きぬきましょう。

① うさぎの　声は　でかい。（　）（　）

② ひよこが　よちよちと　歩く。（　）（　）

ちいかわ まめちしき

さけ目がある道をわたるときは、トランポリンを使《つか》う。

答え→77ページ

# 気持《きも》ち③

10分

月　日

ちいかわは、ねつを出してねているシーサーのために、薬《くすり》を買いに来ました。でも、お目当ての薬がどうしても見つかりません。

「ア…。」

店員《てんいん》さんに聞いてみようと思うものの、なかなか声がかけられません。

「あるよ…ぜっ対《たい》…チャンスが…!!」

心の中でハチワレの声がします。

ドキン…ドキン…。

店員さんが一人になりました。今だ。

「アッ…。」

いっしょうけんめいつたえます。

「ああ…これのことだねッ。」

店員さんが薬をわたしてくれました。

**1** この場面《ばめん》の中で、ちいかわの気持《きも》ちはどのようにへん化《か》しましたか。へん化のじゅんに1～3の番号《ばんごう》を書きましょう。

□ きっとできる

□ やったあ

□ どうしよう

**2** ちいかわは、何にはげまされていますか。

心の中にひびいた □ の声。

## 3

□にあてはまる漢字《かんじ》を書きましょう。

①シーサーは試験《しけん》を□《う》けるつもりだ。

②□《か》□《ぞく》で海に行く。

③□《うん》□《めい》に□《み》をまかせる。

④雲のように□《かる》いふとん。

⑤□《きみ》の言う通りだ。

⑥□《どう》□《ろ》をまっすぐに□《すす》む。

⑦黒い□《なが》れ星《ぼし》がねがいをかなえる。

⑧きかいのそう作を□《と》り□《け》す。

ちいかわ まめちしき

ちいかわとハチワレは、やりたいことをリストにしている。

答え→78ページ

詩《し》

# 22 俳句《はいく》・短歌《たんか》

10分

月　日

A

朝顔に　つるべとられて
もらひ（い）水

加賀千代女《かがのちよじょ》

B

金色《こんじき》のちひ（い）さき鳥のかたちして
銀杏《いちょう》ちるなり夕日の岡《おか》に

与謝野晶子《よさのあきこ》

1 Aの俳句《はいく》から、きせつを表《あらわ》す言葉《ことば》（季語《きご》）を書きぬきましょう。

2 Bの短歌《たんか》はどのような様子《ようす》を歌っていますか。合うものを一つえらんで、記号《きごう》を書きましょう。

ア 空をとぶ小鳥が、夕日にてらされて金色にかがやく様子。

イ ちりゆく銀杏の葉が、夕日を受《う》けて金色の小鳥のように見える様子。

ウ 空をとぶ小鳥と、ちってゆく銀杏の葉が、ともに金色にかがやく様子。

## 3 □にあてはまる漢字《かんじ》を書きましょう。

①画用紙に□《え》□《ふで》で風けいをえがく。

②友だちになやみを□《そう》□《だん》する。

③□《いた》にくぎを□《う》ちつける。

④□《あたた》かいお□《ゆ》につかる。

⑤夜が明けて新しい一日が□《はじ》まる。

⑥□《えき》の□《ちゅう》□《おう》□《ぐち》から出る。

⑦ハチワレは強くなると□《けっ》□《しん》した。

⑧□《きょ》□《ねん》の□《に》□《ばい》を売り上げる。

ちいかわ まめちしき



だだちゃ豆《まめ》は、食べはじめるとやめられなくなる。

答え→78ページ

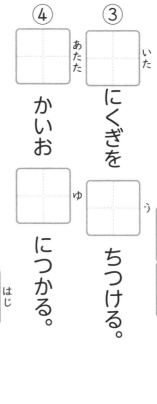

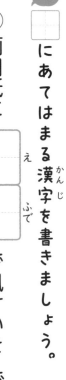

# 23 言葉《ことば》の意味《いみ》と使《つか》い方《かた》

10分

月　日

## 1

次《つぎ》の文の——の言葉《ことば》の意味《いみ》はどれですか。記号《きごう》に○をつけましょう。

① くりまんじゅうが、のどのかわきをいやす。

ア いやいやする　イ なおす　ウ ゆるす

② はなやかないでたちでパーティに出る。

ア 服《ふく》そう　イ 旅立《たびだ》ち　ウ 持《も》ち物《もの》

## 2

次の文の（　）にあてはまる言葉を□からえらんで書きましょう。

① みんなの前で転《ころ》んで（　）。

② 小さいころに読んだ絵本が（　）。

③ うちの犬は、ほとんどほえずとても（　）。

なつかしい　大人《おとな》しい　はずかしい

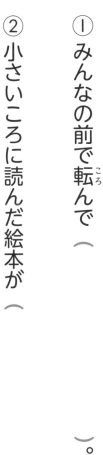

## 3

次《つぎ》の文の主語《しゅご》にはア、述語《じゅつご》にはイ、しゅうしょく語にはウを、（　）に書きましょう。

① 草むしりの　検定《けんてい》が　ある。
（　　）（　　）（　　）

② ハチワレが　池で　泳《およ》ぐ。
（　　）（　　）（　　）

③ きれいな　にじが　かかる。
（　　）（　　）（　　）

## 4

次の文の［主語］をくわしくしているしゅうしょく語はどれですか。（　）に記号《きごう》を書きましょう。

① ア大きな　［ぞうが］　イりんごを　ウ食べる。　（　　）

② アとても　イ美《うつく》しい　［花が］　ウさく。　（　　）

③ ア今日の　［天気は］　イ一日中　ウ雨だ。　（　　）

ちいかわは、ラジオ体そうをときどきサボる。

答え→78ページ

ごほうび③

# 画数クイズと国語辞典《こくごじてん》めいろ

10分

月　日

**1** ①～④それぞれ4つの漢字《かんじ》の中から，
画数のちがう漢字を１つずつ見つけて □ に書き，
4文字の言葉《ことば》を作りましょう。

| | ① | ② | ③ | ④ |
|---|---|---|---|---|
| 4文字の言葉 | | | | |

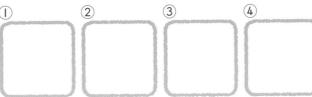

**2** 2つの言葉《ことば》のうち，先に国語辞典《こくごじてん》に出てくるほうをえらんで（　　）をつけながら進《すす》み，ゴールを目指《めざ》しましょう。

スタート！
？……
おに
おにぎり
すじ
すし
柱《はしら》
パジャマ
しいたけ
シーソー
ゴール!!
毛糸
ケーキ
ブルッ…
ピザ
ひざ




答え→78ページ

# 24 ことわざ・故事成語《こじせいご》②

10分

月　日

**1** 次《つぎ》のことわざと意味《いみ》がにていることわざをあとからえらんで、（　）に記《き》号《ごう》を書きましょう。

① なきっつらにはち（　）

② 絵にかいたもち（　）

ア　花よりだんご

イ　弱り目にたたり目

ウ　とらぬたぬきの皮算用《かわざんよう》

**2** 次の文にあてはまる故事成語《こじせいご》を［　］からえらんで、（　）に書きましょう。

① どちらの商品《しょうひん》も（　）で、大きなちがいはない。

② かれのしっぱいを（　）としなければならない。

［他山《たざん》の石《いし》　五十歩百歩《ごじっぽひゃっぽ》］

3 次《つぎ》の文の主語《しゅご》に━━を、述語《じゅつご》に〰〰を引きましょう。

れい　鳥が　ゆうゆうと　とぶ。

①ゴブリンが　ちいかわたちを　つかまえる。

②明日の　二時に　荷物《にもつ》が　とどく。

③わたしは　一日中　本を　読んだ。

4 次の文の（　）にあてはまるしゅうしょく語をあとからえらんで、記号《きごう》を書きましょう。

①あつい本より（　）本のほうが手に取《と》りやすい。

②やまんばの家で食べた、作り立ての（　）ごはん。

③細い糸と（　）糸、どちらを使《つか》いますか。

ア　つめたい　イ　温《あたた》かい　ウ　うすい　エ　太い

ちいかわ まめちしき

ちいかわは、からいものが苦手《にがて》。

答え→79ページ

# 25 物語《ものがたり》 気持《きも》ち④

10分

月　日

今日は、草むしり検定《けんてい》の日。ちいかわは、きんちょうのあまり、試験会場《しけんかいじょう》の入り口で立ち止まってしまいました。

「おはよッ。」

「ワァ!!!」

なぜ、ハチワレがここにいるのでしょう。

「行こッ。」

ハチワレはちいかわの手を引いてズンズン進《すす》みます。

「実《じつ》はね、勉強《べんきょう》してたんだ!!　5級《きゅう》!!　いっしょに合かくしてサ、ほうしゅうアップさせようよ!!」

「ウン…。」

ちいかわは、コクコクうなずきます。

**1** ちいかわがおどろいているのはなぜですか。合うほうをえらんで、記号《きごう》を書きましょう。

ア　ハチワレが検定を受《う》けることを知らなかったから。

イ　ハチワレがおうえんに来てくれたから。

□

**2** この場面《ばめん》の中で、ちいかわの気持《きも》ちはどのようにへん化《か》しましたか。へん化のじゅんに1～3の番号《ばんごう》を書きましょう。

□ うれしい

□ きんちょう

□ びっくり

## 3 □にあてはまる漢字《かんじ》を書きましょう。

① □《ちゅう》□《い》□《ぶか》くおぞうにセットを□《はこ》ぶ。

② あなたの考えには□《はん》□《たい》だ。

③ □《む》こうからうさぎが走ってくる。

④ □《こう》□《ふく》な気《き》持《も》ちになる。

⑤ □《みなと》の近くの市場ではたらく。

⑥ ピンチのハチワレを□《たす》けたちいかわ。

⑦ □《にわ》に□《う》えた木の手入れをする。

⑧ □《きゅう》□《しゅう》地方は今夜から雨がふるでしょう。

ちいかわ まめちしき

ちいかわたちがおどったおかげで、たこやき屋《や》さんがはんじょうした。

答え→79ページ

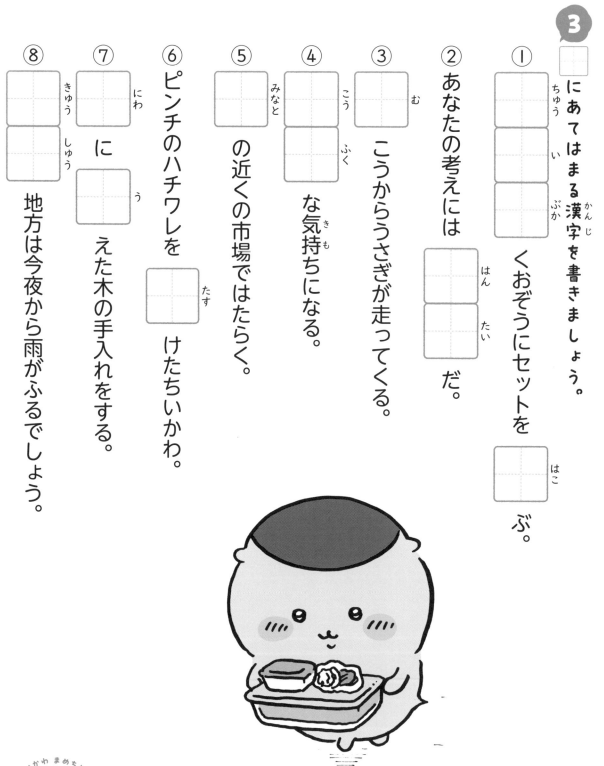

# 26 漢字《かんじ》の使《つか》い分《わ》け②

10分

月　日

## 1

次《つぎ》の文にあてはまる漢字《かんじ》を（　）からえらんで、○でかこみましょう。

① コンサートの（会場・海上）に急《いそ》ぐ。

② タオルなどの（日曜・日用）品《ひん》を買う。

## 2

次の文の□にあてはまる漢字を（　）からえらんで、書きましょう。

① ブン（文・分）

それはぼくのとく意《い》な□野だ。

② セイ（正・生）

ちいかわは全問《ぜんもん》□かいした。

③ ショウ（少・消）

妹は□食で心配《しんぱい》だ。

## 3

次《つぎ》の文の［しゅうしょく語］がくわしくしている言葉《ことば》をえらんで、記号《きごう》を○でかこみましょう。

① ア先生の　イ話を　［きちんと］　ウ聞く。

② ［長い］　アつめの　イキメラが　ウいる。

③ ［きっと］　ア明日は　イ晴れに　ウなる。

## 4

次の文の主語《しゅご》にはア、述語《じゅつご》にはイ、しゅうしょく語にはウを、（　）に書きましょう。

① うさぎが（　）　たくあんを（　）　食べた。（　）

② 小学校の（　）　音楽会が（　）　開《ひら》かれる。（　）

③ それだよ、（　）　ぼくたちの（　）　ボールは。（　）

うさぎは、からいものがすき。

答え→79ページ

# 慣用句《かんようく》②

10分

月　日

**1** □に体の一部《いちぶ》を表《あらわ》す漢字《かんじ》一字を書き、慣用句《かんようく》をかんせいさせましょう。

① □がすべる（言わなくていいことを言う。）

② □がぼうになる（歩きつかれた様子《ようす》。）

**2** 次《つぎ》の慣用句の意味《いみ》をあとからえらんで、（　）に記号《きごう》を書きましょう。

① 一目《いちもく》おく（　）

② 板《いた》につく（　）

ア　仕事《しごと》がその人にぴったり合っている。

イ　すらすらと話す。

ウ　相手《あいて》がすぐれているとみとめてうやまう。

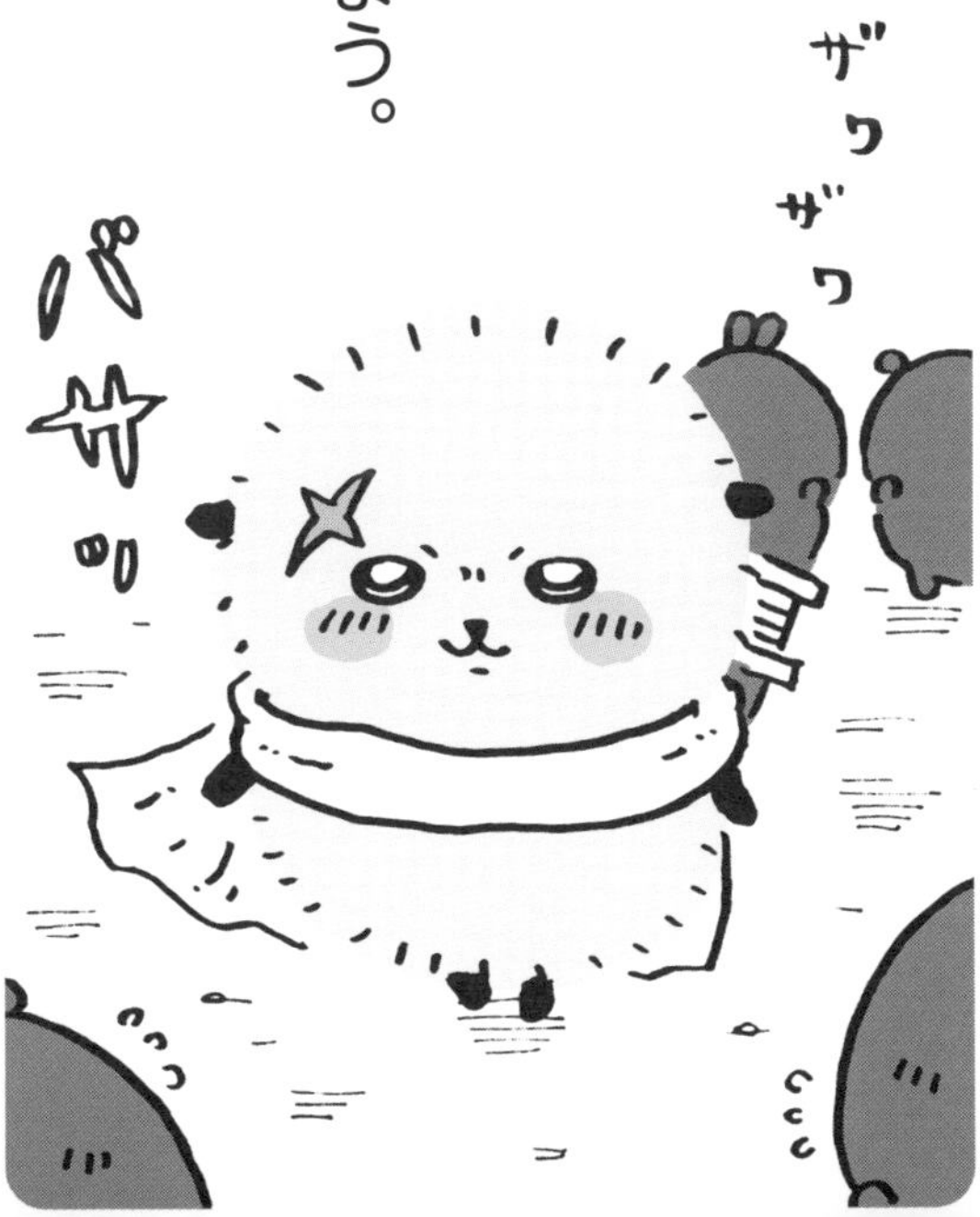

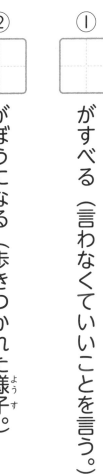

## 3 次《つぎ》の文の主語《しゅご》に――を、述語《じゅつご》に〰〰を引きましょう。

れい　鳥が　ゆうゆうと　とぶ。

①古本屋《ふるほんや》は　モモンガと　なかよく　なりたい。

②小さな　子どもが　はさみを　使《つか》う。

③かみなりも　大雨と　ともに　来た。

## 4 （　）にあてはまるしゅうしょく語を、［　］からえらんで、書きましょう。

①とうふを（　　　）買う。

②まどを（　　　）みがく。

［一本　ピカピカに　一丁《ちょう》　カリカリに］

ちいかわ まめちしき

うさぎの耳は、一度《いちど》のびるとなかなかなおらない。

答え→79ページ

# 要点《ようてん》

10分

月　日

さばくは、一日の気温《きおん》のさがはげしい土地です。日中は四十度《ど》をこえ、夜は零《れい》度を下回ることもあります。なぜ、このような気温になるのでしょうか。

大きなりゆうの一つに、さばくがとてもかんそうしていて、空気中に水分がほとんどないことがあります。

水は、空気にくらべて、ねっしにくくさめにくい、というせいしつがあります。空気中に水分があれば、昼間は少しずつ太陽《たいよう》のねつをきゅうしゅうし、夜は少しずつ昼のねつを外に出します。

しかし、さばくにはその水分がないため、昼間は急速《きゅうそく》に暑《あつ》くなり、夜になると、急げきに気温が下がってしまうのです。

1 何について書かれた文章《ぶんしょう》ですか。合うものを一つえらんで、記号《きごう》を書きましょう。

ア さばくはなぜ雨が少ないのか。
イ さばくはなぜ暑いのか。
ウ さばくはなぜ一日の気温のさがはげしいのか。

［　　］

2 なぜ 1 のようになるのですか。

空気中に［　　　　］がほとんどないから。

## 3 □にあてはまる漢字《かんじ》を書きましょう。

① あらそいのない□《へい》□《わ》な日々《ひび》。

② □《てつ》□《どう》で□《たび》をする。

③ □《はたけ》で□《まめ》を□《そだ》てる。

④ 早く□《じ》□《ゆう》になりたい。

⑤ □《い》□《いん》□《かい》の□《し》□《ごと》。

⑥ ゆうびん□《きょく》で切手を買う。

⑦ □《ご》□《びょう》ほどのちんもくがあった。

⑧ □《つぎ》の角を右に□《ま》がってください。

ろうどうのよろいさんは、早朝にランニングをしている。

答え→80ページ

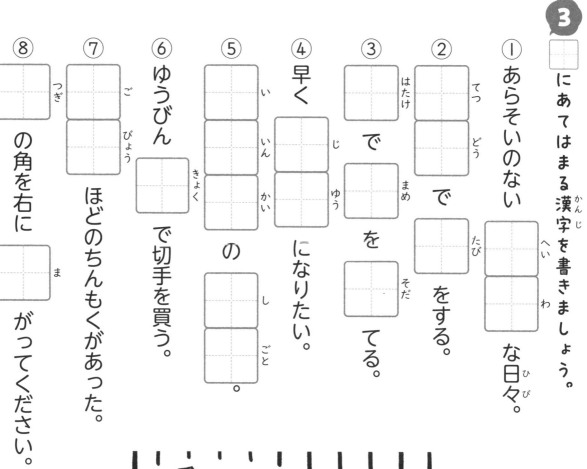

# 29 こそあど言葉《ことば》②

10分

月　　日

## 1

（　）にあてはまるこそあど言葉《ことば》を［　］からえらんで、書きましょう。

①葉《は》っぱ、（　　）は、かさにもなる。

②同じ気《き》持《も》ちじゃないとき、（　　）したらいいんだろ。

［ここ　それ　どう　どれ］

## 2

——のこそあど言葉が指《さ》している言葉を、（　）に書きましょう。

①父がぼうしを買ってくれた。これはぼくのお気に入りだ。

これ→父が買ってくれた（　　）

②近《きん》所《じょ》の公園。そこはわたしがさん歩する場所だ。

そこ→近所の（　　）

3 次《つぎ》の文の主語《しゅご》にはア、述語《じゅつご》にはイ、しゅうしょく語にはウを、（　）に書きましょう。

①温《あたた》かい　おでんは　おいしい。
（　）（　）（　）

②うさぎが　どんぐりを　みがく。
（　）（　）（　）

③かならず　合かくするよ、君《きみ》なら。
（　）（　）（　）

4 次の文の 主語 をくわしくしているしゅうしょく語はどれですか。（　）に記号《きごう》を書きましょう。

①ア話題《わだい》の　えい画が　イついに　ウ始《はじ》まる。（　）

②アすな場で　イ数人の　子どもが　ウ遊《あそ》ぶ。（　）

③アくつ下に　イ小さな　あなが　ウあく。（　）

ちいかわ まめちしき
大きいたいやきの中身《なかみ》はいもあん。



答え→80ページ

# 30 送《おく》りがな②

10分

月　日

## 1

［　］に漢字《かんじ》と送《おく》りがなを書きましょう。

① ［あたらしい］パジャマを着《き》る。

② 流《なが》れ星《ぼし》を指《ゆび》おり［かぞえる］。

## 2

次の文の――部分《ぶぶん》は送りがながまちがっています。（　）に正しく書き直しましょう。

れい　家に入いるとねこがいた。（入る）

① 急《いそ》いで身《み》じたくを整のえる。（　　）

② しつ問《もん》に大きな声で答る。（　　）

③ できるだけ短じかい時間で仕《し》上《あ》げる。（　　）

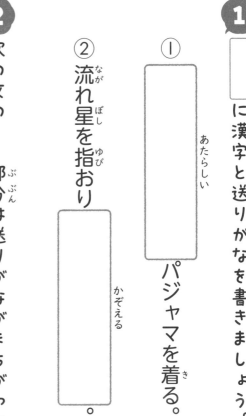

## 3

□の語がくわしくしている言葉《ことば》を一つえらんで、○を書きましょう。

① とつぜん　雨が　**ザァーッと**　ふり出した。

② **まっすぐに**　青空に　のびた　ひこうき雲を　見た。

③ 外で　**食べる**　やきそばは　とても　おいしい。

## 4

次《つぎ》の文の主語《しゅご》に——を、述語《じゅつご》に〰〰を引きましょう。

れい　鳥が　ゆうゆうと　とぶ。

① ハチワレは　ちいかわの　合かくを　いのった。

② あれだ、父の　なくした　かばんは。

ちいかわ まめちしき

シーサーは勉強熱心《べんきょうねっしん》。

答え→80ページ

# まとめのテスト

月　日　20分

とく点　点

ちいかわとハチワレは、あこがれのラッコに道でばったり出会いました。

「おねがいして…みよッか…。」

ちいかわとハチワレは何やらぼそぼそ。ドキドキしながら声をかけます。

「あのッ。」

「どうしたッ。」

「あのッ…見せて下さいッ。武器《ぶき》の…ランカーのマーク!!!」

とうばつせいせきがよいと、武器に自分の顔マークを入れてもらえるらしいのです。ラッコはだまって武器を見せてくれました。

「すごッ!!!」

ちいかわたちは大感《だいかん》げきです。

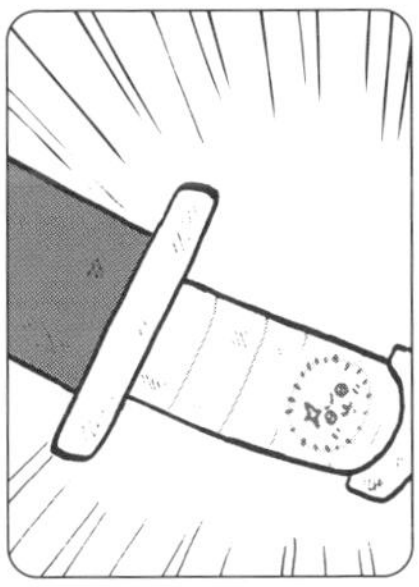

**1** ちいかわとハチワレは、ラッコに何を「おねがい」したのですか。【25点】

武器にかかれた
顔［　　　　］を
見せてほしい。

**2** この場面《ばめん》でちいかわたちの気持《きも》ちはどのようにへん化《か》しましたか。合うものを一つえらんで、記号《きごう》を書きましょう。【25点】

ア　おもしろい→うれしい
イ　はずかしい→ざんねん
ウ　きんちょう→感動《かんどう》

［　　］

すもうは、スポーツであると同時に日本古来の神事《しんじ》や武道《ぶどう》の一つでもあるため、さまざまなさほうがあります。どのようなさほうがあるのでしょうか。

取組《とりくみ》の前に力士《りきし》は、しこをふみます。しこには、地中の悪《わる》い気をふみしめる、という意味《いみ》があります。

次《つぎ》に、力水《ちからみず》とよばれる水を口にふくんで体をきよめます。直前の取組で勝《か》った力士から水を受《う》け取《と》り、その勝ちにあやかる意味もあります。土俵《どひょう》に入る前にしおをまくのも、きよめの意味です。

上体を正し、つま先立ちでひざを開《ひら》いてしゃがむ「そんきょ」のしせいは、相手《あいて》へのれいぎをしめしています。

**3** 何について書かれた文章《ぶんしょう》ですか。【25点】

すもうの［　　　　］について。

**4** 話題《わだい》について、具体《ぐたい》れいは、いくつあげられていますか。合うものを一つえらんで、記号《きごう》を書きましょう。【25点】

ア　三つ　　イ　四つ

ウ　五つ

［　　］

答え→80ページ

# 答えとアドバイス

★自分で答え合わせをしましょう！

## 1 場面の様子① P.5

❶水遊び

❷イ

❸サイコー（さい高）

❹①湯　②主役　③具合、悪　④拾　⑤短、詩　⑥酒、飲　⑦太陽　⑧区

アドバイス　❶さいしょの一文に「水《みず》遊《あそ》び中《ちゅう》」とあります。

❷ハチワレに「足つくからッ、だいじょうぶッッ!!」と言われても、ちいかわは水に入れずにいます。「合わないもの」をえらぶので、**イ**が正かいです。

❸ハチワレの「サイコーじゃない？」の言葉《ことば》にちいかわもうなずいています。

## 2 場面の様子② P.7

❶ウ

❷イ

❸①悲、物語　②緑色、着　③皿　④都合　⑤守　⑥住　⑦投、球、速　⑧漢字、使、文章

アドバイス　❶ラッコに「自しんを持《も》て」とはげまされるような歌い方をしていることから、はずかしくて顔が赤くなっているのだとわかります。

❷「歌を歌っています」↓「調子《ちょうし》が出てきた……大きな声で、気持ちよさそう」↓「自しんを持て」とあることから、だんだん大きな声になり調子よく歌っていたのが、ラッコに声をかけられて、急《きゅう》に小さな声になったことが読《よ》み取《と》れます。字の大きさにも注目《ちゅうもく》しましょう。

## 3 行動や会話① P.9

❶ウ

❷イイ

❸①屋根　②勝負　③乗　④予定　⑤炭火　⑥島　⑦他者、行動　⑧勉強

アドバイス　❶ポシェットのよろいさんが、「こんなものじゃ…よろこばれない…」と言っていることから、みんながよろこんでくれるようなものが作りたいのだとわかります。

❷「他《ほか》のよろいさんたち」に「イイじゃん」「イイ!!」とほめられたことで、やる気が出てきています。

## 4 行動や会話② P.11

❶ア

❷ともだち

❸①有名　②化石　③海岸　④返事　⑤指　⑥死　⑦期待　⑧昔話

アドバイス　❶モモンガは、カチューシャを二つとも着《つ》けたところ、「どうにも余計《よけい》」だったので、通りかかった古本屋《ふるほんや》にあげたのです。

❷ろうどうのよろいさんは、さいしょの言葉で「ともだちにもあげな」と言っています。

## ごほうび① ことわざあみだとなぞなぞ漢字

P.13

❶

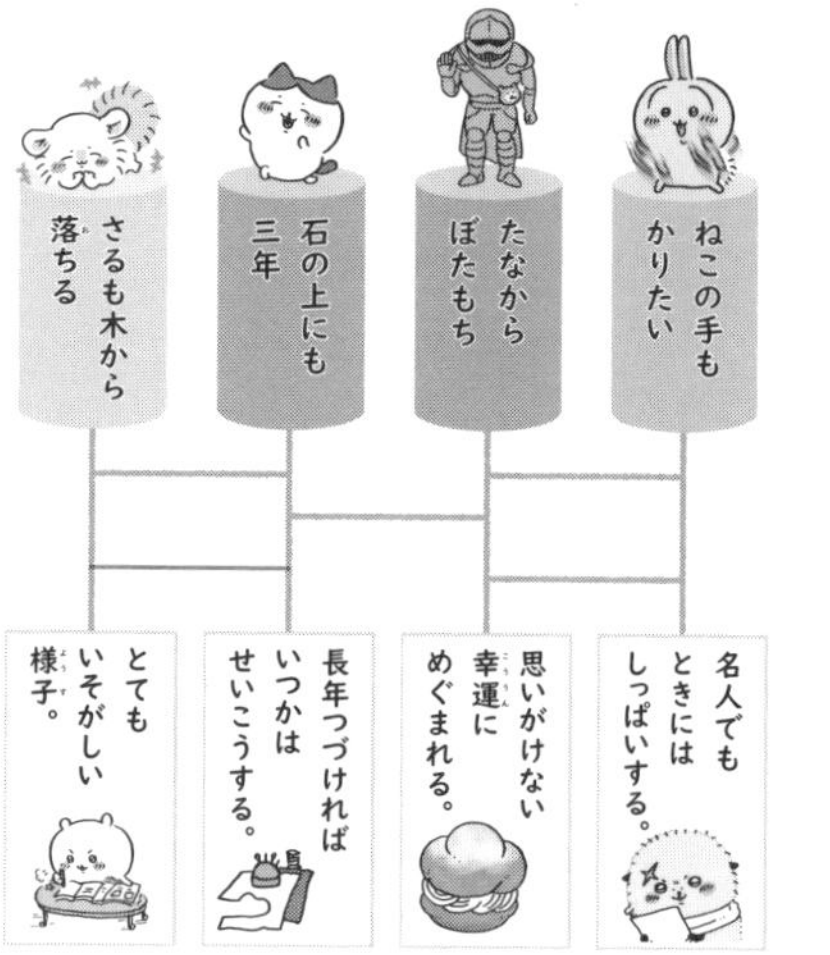


❷ ①化 ②究 ③宮 ④公 ⑤横 ⑥者

アドバイス ❶「石の上にも三年」と「ねこの手もかりたい」が、どちらもたどり着《つ》いたとなりが正しい意味《いみ》なので、となりに行けるよう左の二本のたてぼうの間に横《よこ》ぼうを一本足します。

❷③「宮」は、下の「口」を上の「口」よりも大きく書きます。

## 5 国語辞典の使い方

P.15

❶ ①走る ②つめたい ③行く

❷（右からじゅんに）

①2→3→1 ②1→3→2 ③2→1→3 ④3→2→1

❸ ①歌手が ステージに 立つ。
②ちいかわは プリンを 食べる。
③妹も いっしょに 出かける。

❹ ①ウ ②ア ③イ

アドバイス ❶見出し語は、言葉《ことば》のきほんの形（言い切りの形）です。

❷②一字目が同じときは、二字目をくらべます。③のばす音は、「すうぷ」と「あ・い・う・え・お」におきかえて考えます。④清音《せいおん》「ホ」→濁音《だくおん》「ボ」→半濁音《はんだくおん》「ポ」のじゅんです。

❸主語《しゅご》は、文の中で「だれが、何が」、述語《じゅつご》は、「どうする、どんなだ」などにあたる言葉です。述語は文の終《お》わりにあることが多く、述語に「だれが？ 何が？」と問《と》いかけると主語が見つかります。

❹しゅうしょく語は、文の様子《ようす》をくわしくする言葉です。①「たくさん」は「ならぶ」様子を、②「美《うつく》しく」は「光る」様子をくわしくしています。

## 6 段落

P.17

❶（右からじゅんに）4→3→5

❷ 役わり（分たん）

❸ ①自転車 ②安心 ③祭、開 ④横笛 ⑤葉 ⑥丁 ⑦帳 ⑧医者、薬

アドバイス ❶「女王バチ」「はたらきバチ」の言葉がどの段落《だんらく》に書かれているかをさがしましょう。まとめは、文章《ぶんしょう》のさい後に書かれています。

❷「話題《わだい》」は、文章の中心となる事《こと》がらのことです。1段落でミツバチのむれには「役《やく》わり分たん」があるとのべ、2～4段落でどのように役わりを分たんしているかが説明《せつめい》されています。

## 7 気持ち①

P.19

❶ 明かり

❷ ア

❸ ①研究、所長 ②病院、待合室 ③宮 ④様子 ⑤発売 ⑥実 ⑦一面、銀世界 ⑧全部

アドバイス ❶後からだんだん「こわくなって」いたところに、チカチカしていた道の明かりが消《き》え、こわい気持《きも》ちが一気に高まってしまったのです。

❷手をふって「えがお」でわかれたハチワレとちいかわですが、一人ぼっちになったとたん「後からこわくなってきた」のです。

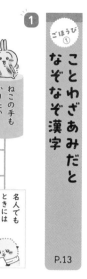

## 8 音と訓

P.21

❶ (○でかこむ言葉《ことば》)

①せつ ②ぜん ③ひん

❷ (上からじゅんに)

①ア、イ ②イ、ア

❸ ①(主語《しゅご》)ア (述語《じゅつご》)ウ

②(主語)ア (述語)ウ

③(主語)ウ (述語)エ

❹ (○でかこむ言葉)

①すたすた ②夜空に

アドバイス ❶❷ 聞いてすぐに意味《いみ》のわかるものが「訓読《くんよ》み」、聞いただけでは意味のわかりにくいものが「音読《おんよ》み」と考えて、区《く》べつしましょう。

❸ 述語は文の終《お》わりにあることが多いので、まず述語をさがします。次《つぎ》に、述語に「だれが？ 何が？」と問《と》いかけると、主語が見つかります。

❹ ①「すたすた」は歩く様子《ようす》を、②「夜空に」は、どこで光るかをくわしくしています。

## 9 ことわざ・故事成語 ①

P.23

❶ (○でかこむ言葉)①どんぐり

②ぼたもち ③金ぼう

❷ ①蛇足《だそく》 ②完璧《かんぺき》 ③矛盾《むじゅん》

つじつまが合わないこと。 欠点《けってん》がないこと。 余計《よけい》なもの。

❸ ①(主語)ア (述語)ウ

②(主語)ア (述語)ウ

③(主語)イ (述語)ウ

❹ ①さっそうと ②こわい ③ぼくの

アドバイス ❶ ①どれもぱっとしないこと、②思いがけない幸運《こううん》、③強い者《もの》がさらに強くなること、の意味です。

❷ 故事成語《こじせいご》とは、中国《ちゅうごく》で昔《むかし》あったできごとや物語《ものがたり》をもとにしている言葉です。

## 10 指ししめす言葉

P.25

❶ イ

❷ ウ

❸ ①第一号、表紙 ②定、五級 ③放

④洋服 ⑤練習 ⑥油 ⑦申

⑧童話

アドバイス ❶ 四角いふたは、あなの中に落《お》ちるが、丸いふたは落ちない、と前後で反対《はんたい》のことが書かれています。

❷「そのような心配《しんぱい》」とは、「ふたがずれてななめになると、ふたはあなの中に落ちてしま」うことを指《さ》しています。

## 11 気持ち ②

P.27

❶ イ

❷ 自しんがありません

❸ ①感想 ②波打 ③式、列

④屋台、氷 ⑤羊 ⑥箱

⑦息、苦 ⑧心配

アドバイス ❶ ハチワレの頭の中は、明日のとうばつのことでいっぱいです。目の前の食事《しょくじ》に気持《きも》ちが向《む》いていないため、ごはん中だったと気がついたときには、食べ終わっていたのです。

❷ 明日のとうばつに不安《ふあん》を感《かん》じているハチワレの気持ちを読《よ》み取《と》りましょう。

## 12 こそあど言葉 ①

P.29

❶ (——を引く言葉)

①こんな ②どちら ③あそこ

❷ ①どの ②この ③あの

❸ ①(主語)シーサーが

(述語)はたらく

②(主語)ぼくだけ (述語)いた

❹ ①ア ②ウ ③ウ

アドバイス ❷ 指すものが話し手から近いときは「この」、遠いときは「あの」、わからないときは「どの」を使《つか》います。

## ごほうび② ローマ字めいろとクロスワードパズル

P.31

**1**

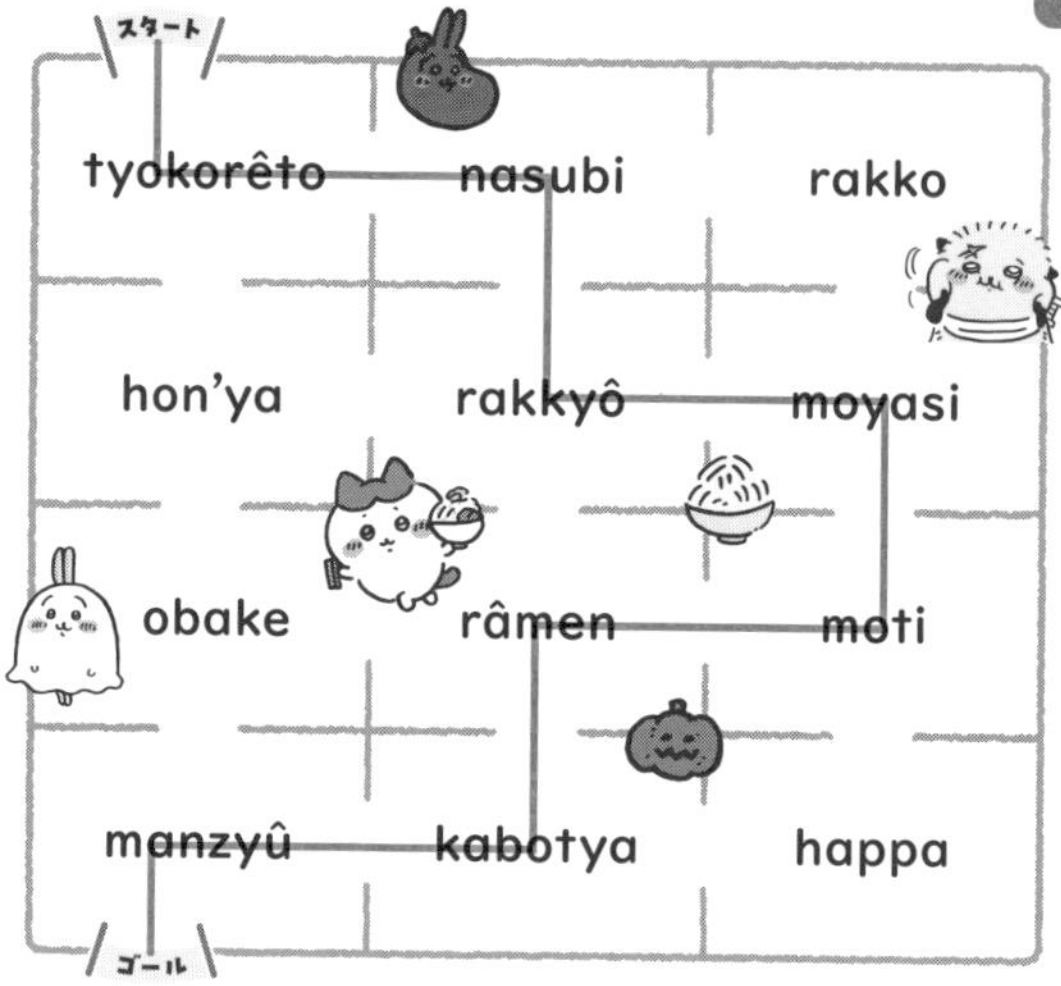
スタート
tyokorêto
nasubi
rakko
hon'ya
rakkyô
moyasi
obake
râmen
moti
manzyû
kabotya
happa
ゴール

**2**

れい ヨコ 寒《さむ》い日，手に着《つ》けるもの。
t e b u k u r o
① ヨコ
緑色《みどりいろ》に黒いたてじま，
丸くて大きい夏のくだ物《もの》。
s u i k a
② ヨコ
大豆《だいず》から作る，
ねばねばの食べ物。
n a t t ô
うに うに
③ ヨコ
ひき肉を丸くて
うすい皮《かわ》でつつんで
作るりょう理。
g y ô z a
④ ヨコ
はりと糸で魚を
つかまえる方ほう。
t u r i
出てきた言葉
うさぎ

## 13 詩

P.33

**1** えらそう

**2** ア

**3** ①県立美、館　②何度　③相手、気持　④荷物、落　⑤配　⑥味　⑦新商品　⑧毛皮、寒

**アドバイス**

**1**「……からえらそうに見える」とあり、「から」の前に書かれていることが、「えらそうに見える」理由《りゆう》だとわかります。

**2**「タイのかわりになるようなさかなはいない。だから」、タイは「いばっている」のです。

## 14 へんとつくり

P.35

**1** （〇でかこむ言葉《ことば》）
①おおがい　②のぶん　③かたな

**2** ①イ　②ウ

**3** ①ウ　②ア　③イ

**4** ①（主語《しゅご》）くりまんじゅうが
（述語《じゅつご》）やく
②（主語）きせつは　（述語）夏だ

**アドバイス**

**1**「つくり」は漢字《かんじ》の右がわの部分《ぶぶん》です。②「攵」は「ぼくにょう」「ぼくづくり」ともいいます。

**2**「へん」は、漢字の左がわの部分です。「さんずい」の漢字には「海、池」など、「ごんべん」の漢字には「話、読」などがあります。

**3**「五さいだ」は物《もの》の名前（何だ）、「わらう」は動作《どうさ》（どうする）、「かわいい」は様子《ようす》（どんなだ）を表《あらわ》しています。

**4**②述語が先頭にある文です。ふつうの文では「もうすぐきせつは夏だ。」となるので「夏だ」が述語だとわかります。

## 15 行動や会話③

P.37

**1** おイモ　いも虫

**2** ア

**3** ①鼻血　②問題　③追　④調整
⑤遊　⑥急、坂道、登　⑦両手
⑧八階

**アドバイス**

**1**ちいかわは、「いもむしパン」と聞いて「いも虫が入ったパン」を思いうかべますが、ハチワレが出してきたのは「おイモが入ったむしパン」でした。

**2**ハチワレが「食べよッ。食べよッ。」と言っていることから考えます。いも虫が入ったパンではないとわかったちいかわは、自分も食べたくなったのです。

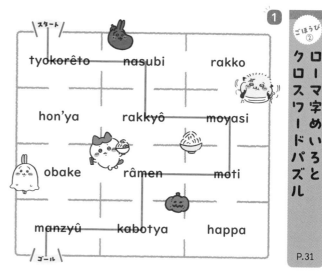

## 16 漢字の使い分け ①

P.39

1 (○でかこむ言葉《ことば》)

①会　②行　③明

2 ①海　②強

3 ①空から（　）たくさんの（　）おにぎりが（ア）ふる。（イ）

②わたしの（　）友だちが（ア）ピアノを（　）ひく。（イ）

③きのうは（ア）大へん（　）いそがしい（　）日だった。（イ）

4 (○でかこむ言葉)

①ハチワレの　②大きな　③赤い

アドバイス 1 2 文の意味《いみ》から、あてはまる漢字《かんじ》を考えましょう。

3 述語《じゅつご》は文の終《お》わりにあることが多いので、述語を先にさがします。述語に「だれが？　何が？」と問《と》いかけると主語《しゅご》が見つかります。

## 17 具体れい

P.41

1 開いた

2 きほんの動き

3 ①温、宿、客室係　②柱　③等

④礼　⑤湖　⑥農業　⑦車庫

⑧暑、泳

アドバイス 1 「二重《にじゅう》とび」の前の部《ぶ》分《ぶん》に「うでを開《ひら》いたじょうたいでとぶ、とび方」だとあります。

2 さい後の段落《だんらく》に「これらを組み合わせてなわとびのわざは作られているのです」とあり、「これら」は、その直前の「きほんの動《うご》き」を指《さ》しています。

## 18 慣用句 ①

P.43

1 ①馬　②からす　③ねこ

2 ①目　②首

3 ①（主語）ア　（述語）ウ

②（主語）イ　（述語）エ

③（主語）ウ　（述語）エ

4 ①ウ　②ア

アドバイス 1 慣用句《かんようく》は二ついじょうの言葉がむすびついてとくべつな意味を持《も》つようになった言葉のことです。①は「気が合うこと」、②は「おふろの時間が短《みじか》いこと」、③は「本しょうをかくしていること」の意味を表《あらわ》します。

4 「山手に」「あそこに」は、どこに「ある」のかをくわしくしています。

## 19 行動や会話 ④

P.45

1 食べていない

2 イ

3 ①送　②写真　③昭和時代、橋

④重　⑤集　⑥虫歯、終

⑦暗、起　⑧神社

アドバイス 1 ちいかわは、「ハチワレが作ってばかりいて、りょう理を食べていない」ことを心配《しんぱい》しています。

2 ハチワレは本に書かれた「お客《きゃく》さまによろこんで食べてもらうのが、極上《ごくじょう》の幸《しあわ》せでございます」という言葉を自分の気持ちとして、ちいかわたちにつたえています。

## 20 送りがな ①

P.47

1 (○でかこむ言葉)

①親しい　②少ない

2 ①細かい　②行う　③教わる

3 ①イ　②ウ　③ア

4 ①うさぎの

②よちよちと

アドバイス 3 「美《うつく》しい」は様子《ようす》（どんなだ）、「学校だ」は物《もの》の名前（何だ）、「ふいた」は動作《どうさ》（どうする）です。

4 ①「声は―でかい」、②「ひよこが―歩く」という主語と述語をくわしくしている言葉が、しゅうしょく語です。

## 21 気持ち ③

P.49

1 (右からじゅんに) 2→3→1

2 ハチワレ

3 ①受 ②家族 ③運命、身 ④軽
⑤君 ⑥道路、進 ⑦流 ⑧取、消

アドバイス 1 目当ての薬《くすり》が見つからず、店員《てんいん》さんにも声をかけられずにいるときが「どうしよう」。ハチワレの声にはげまされて声をかけるチャンスをうかがっているときが「きっとできる」。店員さんがわかってくれたときが「やったあ」です。

2 心の中にひびくハチワレの「あるよ…ぜっ対《たい》…チャンスが…!!」の声をしんじて、ちいかわは店員さんが一人になるのを待《ま》っています。

## 22 俳句・短歌

P.51

1 朝顔

2 イ

3 ①絵筆 ②相談 ③板、打
④温、湯 ⑤始 ⑥駅、中央口
⑦決心 ⑧去年、二倍

アドバイス 1 Aの俳句《はいく》の中できせつがわかる言葉《ことば》は「朝顔」です。俳句は、昔《むかし》のこよみできせつが決《き》められているため、「朝顔」は秋の季語《きご》です。

2 Bの短歌《たんか》は、「金色の小さな鳥の形をした銀杏《いちょう》がちっています。夕日がてらす岡《おか》に」という意味《いみ》です。岡の上に立つ銀杏の葉がちる様子《ようす》を「金色《こんじき》のちひ《（い）》さき鳥」がとぶ様子に見立てています。実《じっ》さいに鳥はとんでいないことに注意《ちゅうい》しましょう。

## 23 言葉の意味と使い方

P.53

1 (○をつけるところ) ①イ ②ア

2 ①はずかしい ②なつかしい
③大人しい

3
① 草むしりの 検定《けんてい》が ある。
(ウ) (ア) (イ)
② ハチワレが 池で 泳《およ》ぐ。
(ア) (ウ) (イ)
③ きれいな にじが かかる。
(ウ) (ア) (イ)

4 ①ア ②イ ③ア

アドバイス 1 ①「いやす」は、「なおす、やわらげる」の意味です。

3 述語《じゅつご》→主語《しゅご》→しゅうしょく語のじゅんにさがしましょう。

4 ②ア「とても」は、イ「美《うつく》しい」をくわしくしています。

## ごほうび③ 画数クイズと国語辞典めいろ

P.55

1 ①出 ②発 ③進 ④行

2

スタート!
おに
おにぎり
すじ
すし
柱《はしら》
パジャマ
しいたけ
シーソー
ゴール!!
ひざ
ピザ
毛糸
ケーキ


アドバイス 1 「出発進行《しゅっぱつしんこう》」という言葉ができます。①「出」は五画、他《ほか》は四画、②「発」は九画、他は八画、③「進」は十一画、他は十画、④「行」は六画、他は五画で書きます。

2 「おに」と「おにぎり」のように二文字目まで同じときは、文字数の少ないほうが先です。「じ」と「し」では、清音《せいおん》の「し」が先です。「シーソー」や「ケーキ」は、「しいそお」「けえき」と「あ・い・う・え・お」に直して考えます。

## 24 ことわざ・故事成語 ②

P.57

1 ①イ ②ウ

2 ①五十歩百歩 ②他山の石

3 ①ゴブリンが ちいかわたちを つかまえる。

②明日の 二時に 荷物《にもつ》が とどく。

③わたしは 一日中 本を 読んだ。

4 ①ウ ②イ ③エ

アドバイス 2 「五十歩百歩《ごじっぽひゃっぽ》」は、「大したちがいがない」という意味《いみ》です。せん場で五十歩にげた者《もの》が百歩にげた者をわらった、という話が元になった言葉《ことば》なので、よいものをくらべるときには使《つか》いません。「他山《たざん》の石《いし》」も、「他人のあやまちを自分に役立《やくだ》てる」という意味なので、目上の人には使えません。

3 文の終《お》わりの述語《じゅつご》に、「だれが？何が？」と問《と》いかけ、主語《しゅご》を見つけます。

4 ①は「あつい」、③は「細い」の反対《はんたい》の意味の言葉が、②は「ごはん」をくわしくする言葉が入ります。

## 25 気持ち ④

P.59

1 ア

2 (右からじゅんに) 3→1→2

3 ①注意深、運 ②反対 ③向 ④幸福 ⑤港 ⑥助 ⑦庭、植 ⑧九州

アドバイス 1 「ワァ!!!」というおどろき声のあとに「なぜ、ハチワレがここにいるのでしょう」とあります。「ここ＝試験《しけん》会場」にハチワレがいる理由《りゆう》がわからない＝試験を受《う》けることを知らなかったのだとわかります。

2 「きんちょうのあまり……立ち止まってしま」った。→ハチワレがいてびっくり→「いっしょに合かくし」よう。＝うれしい、のじゅんに気持《きも》ちがへん化《か》しています。

## 26 漢字の使い分け ②

P.61

1 (〇でかこむ言葉) ①会場 ②日用

2 ①分 ②正 ③少

3 ①ウ ②ア ③ウ

4 ①うさぎが（ア） たくあんを（ウ） 食べた。（イ）

②小学校の（ウ） 音楽会が（ア） 開《ひら》かれる。（イ）

③それだよ、（イ） ぼくたちの（ウ） ボールは。（ア）

アドバイス 3 しゅうしょく語よりあとにある言葉の中から、もっともしぜんにつながる言葉をさがします。

4 まず、述語、次《つぎ》に主語をさがします。のこった言葉がしゅうしょく語です。③は、ふつうの文に直すと「ぼくたちのボールはそれだよ。」となるので、「それだよ」が述語だとわかります。

## 27 慣用句 ②

P.63

1 ①口 ②足

2 ①ウ ②ア

3 ①古本屋《ふるほんや》は モモンガと なかよく なりたい。

②小さな 子どもが はさみを 使《つか》う。

③かみなりも 大雨と ともに 来た。

4 ①一丁 ②ピカピカに

アドバイス 1 ①は言うとき、②は歩くとき、体のどの部分《ぶぶん》を使うかを考えると、答えがわかります。

2 ①「強いラッコは、みんなに一目《いちもく》おかれている。」などと使います。

3 まず文の終わりの述語を見つけます。次に述語①「なりたい」②「使う」に「だれが」、③「来た」に「何が」と自《じ》問自答《もんじとう》すると主語が見つかります。

4 とうふは「丁《ちょう》」で数えます。

## 28 要点 P.65

1 ウ

2 水分

3 ①平和 ②鉄道、旅 ③畑、豆、育 ④自由 ⑤委員会、仕事 ⑥局 ⑦五秒 ⑧次、曲

アドバイス 1 第《だい》一段落《だんらく》で「なぜ、このような気温《きおん》（一日のさがはげしい気温）になるのでしょうか」と問《と》いかけ、このあとで答えている文章《ぶんしょう》です。

2 第一段落の問いかけに対《たい》し、その答えを第二段落でかんたんに、第三段落でくわしく説明《せつめい》しています。問いと答えをまとめた、「さばくの一日の気温のさがはげしいのは、空気中に水分がほとんどないからだ」が、この文章の要点《ようてん》です。

## 29 こそあど言葉② P.67

1 ①それ ②どう

2 ①ぼうし ②公園

3 ①（ウ）（ア）（イ）温《あたた》かい おでんは おいしい。

②（ア）（ウ）（イ）うさぎが どんぐりを みがく。

③（ウ）（イ）（ア）かならず 合かくするよ、君《きみ》なら。

4 ①ア ②イ ③イ

アドバイス 1 ②ぎもん文なので、はっきりしない様子《ようす》を表《あらわ》す「どう」があてはまります。

2 ①「父が買ってくれたぼうし」を「これ」に入れてみると、「父が買ってくれたぼうしはぼくのお気に入りだ」と文の意味《いみ》が通り、正かいだとわかります。

3 ①述語《じゅつご》「おいしい」に対して、何が「おいしい」のかを考えると、「おでんは—おいしい」となるので、「おでんは」が主語《しゅご》だとわかります。

## 30 送りがな② P.69

1 ①新しい ②数える

2 ①整える ②答える ③短い

3 （〇をつける言葉《ことば》）①ふり出した ②のびた ③やきそばは

4 ①ハチワレは ちいかわの 合かくを いのった。

②あれだ、父の なくした かばんは。

アドバイス 1 2 下につづく言葉によって形がかわるところから、送《おく》りがなを送るのがきほんです。

3 □よりあとにある言葉の中から、もっとも自ぜんにつながるものをさがします。

4 ②をふつうの文に直すと「父のなくしたかばんはあれだ。」となり、文の終《お》わりにある「あれだ」が述語だとわかります。

## テスト まとめのテスト P.71

1 マーク

2 ウ

3 さほう

4 イ

アドバイス 1 ハチワレが「あのッ…見せて下さいッ。武器《ぶき》の…ランカーのマーク!!!」と言っています。

2 ラッコに声をかけたときは「ドキドキ」、武器の顔マークを見せてもらったときは、「大感《だいかん》げき」しています。「ドキドキ（＝きんちょう）」→「大感げき（＝感動《かんどう》）」という気持《きも》ちのへん化《か》を説明したウが正かいです。

3 さいしょの段落に「どのようなさほうがあるのでしょうか」とあります。

4 「すもうのさほう」について、「しこ」「力水《ちからみず》」「しおをまく」「そんきょ」の、四つのれいがあげられています。